# Greito ir lengvo mikrobangų puodelio patiekalų receptų knyga

Atraskite didžiausią daugiau nei 100 skanių ir maistingų receptų kolekciją, kurią galite pasigaminti savo mikrobangų krosnelės puodelyje, puikiai tinkančią užimtiems žmonėms, keliaujantiems!

Paulius Jurkevičius

Autorių teisių medžiaga © 2023 m

Visos teisės saugomos

Be tinkamo rašytinio leidėjo ir autorių teisių savininko sutikimo ši knyga negali būti naudojama ar platinama jokiu būdu, forma ar forma, išskyrus trumpas citatas, naudojamas apžvalgoje. Ši knyga neturėtų būti laikoma medicininių, teisinių ar kitų profesionalių patarimų pakaitalu.

# TURINYS

TURINYS ..................................................................................... 4
ĮVADAS ........................................................................................ 8
PUSRYČIAI IR PRIEŠVIEJI ....................................................... 9
   1. Sūrio omletas mikrobangų krosnelėje ............................... 10
   2. Plakta kiaušinienė su kumpiu ............................................. 12
   3. Ananasiniai kokosiniai avižiniai dribsniai ......................... 14
   4. Pusryčių baras su quinoa ..................................................... 16
   5. Uogos ir avižos ....................................................................... 18
   6. Karšti lašišos pūstukai ......................................................... 20
   7. Picos skrebučiai ..................................................................... 22
   8. Dvigubo uogų prancūziškas skrebutis .............................. 24
   9. Bananų žemės riešutų sviestas Avižiniai dribsniai ......... 26
   10. Pusryčiai Polenta su uogomis ........................................... 28
   11. Aviečių avižiniai dribsniaisu klevu .................................. 30
   12. Plakta kiaušinienė su kumpiu ........................................... 32
   13. Kompotas su javais ............................................................. 34
   14. Ananasiniai kokosiniai avižiniai dribsniai ..................... 36
   15. Avižų uogų bandelė ............................................................ 38
   16. Virtas kiaušinis ant skrebučio .......................................... 40
   17. rudieji ryžiaisu datomis .................................................... 42
   18. Pusryčių baras su quinoa ................................................... 44
   19. Sūrūs tuno blyneliai ........................................................... 46
   20. Vyšnių mikrobangų granola ............................................. 48
UŽKANDŽIAI ............................................................................ 50
   21. Mikrobangų krosnelėje špinatų rutuliukai .................... 51
   22. Šonine apvynioti sūrio šunys ........................................... 53

23. Šokoladu dengti bananai ........................................................ 55
24. Vaisių riešutų kekės ............................................................. 57
25. Pretzels Drugeliai ................................................................. 59
26. Šokoladiniai vaisiai .............................................................. 61
27. "Curny" kepta bulvė ............................................................ 63
28. Sūrūs Nachos ....................................................................... 65
29. Ožkos sūrio bekono rutuliukai ............................................ 67
30. Chex purvini bičiuliai .......................................................... 69
31. Granola batonėlis su abrikosais .......................................... 71
32. Mikrobangų krosnelės puodelis Pica ................................. 73
33. Sūris Dip ................................................................................ 75
34. Dešrainis su medaus garstyčiomis ...................................... 77

# SUMUŠTINIS IR ĮVYNIAI ................................................ 79

35. Vištienos ir ananasų burrito ................................................ 80
36. Edamame įvyniojimai .......................................................... 82
37. Sumuštinis su raugintais kopūstais ..................................... 84
38. Meksikietiškas daržovių mėsainis ....................................... 86
39. Hamburgeris Ant grotelių keptas sūris .............................. 88

# MIKROBANGŲ PAGRINDINIAI PATIEKALAI ............ 90

40. Puodelis TexMex ................................................................... 91
41. Aštrūs korėjietiški mėsos kukuliai ...................................... 93
42. Mėsos kukulis parmezanas .................................................. 95
43. BBQ vištiena ......................................................................... 97
44. Mango pirmadienio mėsos kepalas .................................... 99
45. Mikrobangų krosnelės grybų paplotėliai ......................... 101
46. Lazanija puodelyje ............................................................. 103
47. Pesto makaronai ................................................................. 105
48. Lipni vištiena ...................................................................... 107
49. Kiaušiniuose kepti ryžiai puodelyje ................................. 109

50. Vištienos parmezanas .................................................................. 111

51. Keptas kumpis ir obuoliai ............................................................ 113

52. Pupelės su skirtumu ................................................................... 115

53. Jautienos bourguignonne ............................................................ 117

54. Black-eyed peas mikrobangų krosnelėje ..................................... 119

55. Brokoliais įdaryta vištiena ........................................................... 121

56. Briuselio kopūstai su migdolais ................................................... 123

57. Vištiena su grybais ...................................................................... 125

58. Kuskuso mikrobangų krosnelė .................................................... 127

59. Spanguolių apelsinų avienos kotletai .......................................... 129

60. Šilti žemės riešutų makaronai ..................................................... 131

61. Polenta lazanija .......................................................................... 133

62. Apleistas Džo su kiauliena .......................................................... 135

63. Vištiena "Potpie" ......................................................................... 137

64. Vištiena ir spagečiai ................................................................... 139

65. Makaronai su čederiu ................................................................. 141

66. Tuno makaronų troškinys ........................................................... 143

67. Pastitsio ...................................................................................... 145

68. Kiauliena su kukurūzais ir svogūnais .......................................... 147

69. Aštrūs korėjietiški mėsos kukuliai ............................................... 149

70. Mėsos kukulis parmezanas ........................................................ 151

71. Aštrus kiniškas tofu .................................................................... 153

72. Meksikietiška kvinoja su kukurūzais ........................................... 155

# SRIUBOS, TROŠKIAI IR ČILI .................................................. 157

73. Brokolių sūrio sriuba ................................................................... 158

74. Moliūgų-apelsinų sriuba ............................................................. 160

75. Aštri itališka lęšių sriuba ............................................................. 162

76. Miso sriuba ................................................................................. 164

77. Jautiena ir pupelės čili ................................................................ 166

78. Makaronų, pupelių ir pomidorų troškinys ..................................... 168

79. Moliūgų ir avinžirnių troškinys ................................................... 170

80. Tortellini sriuba ............................................................................ 172

## SALOTOS IR PATIEKALAI ................................................... 174

81. Gilė moliūgas su pušies riešutais ................................................ 175

82. Garuose virtos žaliosios pupelės ................................................ 177

83. Brokoliai mikrobangų krosnelėje ............................................... 179

84. Keptos bulvės .............................................................................. 181

85. Sūrinės bulvės su svogūnais ....................................................... 183

86. Quinoa salotos su pesto .............................................................. 185

87. Kiniškų rudųjų ryžių salotos ...................................................... 187

## MIKROBANGŲ DESERTAI ................................................... 189

88. Braziliškas bananas ..................................................................... 190

89. Vaikiškas funfetti tortas .............................................................. 192

90. Mikrobangų pyragaičiai .............................................................. 194

91. Cinamoniniai obuolių žiedai ..................................................... 196

92. Rocky Road Bites ........................................................................ 198

93. Keptų saldainių obuolių staigmena ........................................... 200

94. Skanūs obuolių traškučiai .......................................................... 202

95. Mini šokoladinis pyragas ........................................................... 204

96. Dvigubas šokoladinio puodelio pyragas ................................... 206

97. Sugar Cookie Mug Cake ............................................................ 208

98. Moliūgų angliškos bandelės ....................................................... 210

99. Čederio ir žolelių biskvitas ........................................................ 212

100. Spagečių pyragas ....................................................................... 214

## IŠVADA ..................................................................... 216

# ĮVADAS

Ar visada keliaujate ir stengiatės rasti laiko tinkamai paruošti maistą? O gal gyvenate bendrabutyje ar mažame bute be galimybės naudotis visa reikalinga virtuve? Jei taip, tada ši kulinarijos knyga kaip tik jums! Pristatome „Microwave Mug Meals" kulinarijos knygą, kurioje yra daugiau nei 50 skanių ir lengvai pagaminamų patiekalų, kuriuos galima pagaminti vos per kelias minutes naudojant paprastą puodelį ir mikrobangų krosnelę. Nesvarbu, ar trokštate karštų pusryčių, greitų pietų ar sočios vakarienės, ši kulinarijos knyga jums padės. Atsisveikinkite su nuobodžiais, nesveikais patiekalais ir pasisveikinkite su greitais, skaniais ir maistingais patiekalais, kuriuos galite pagaminti iš karto.

Šioje kulinarijos knygoje rasite receptų viskam – nuo pusryčių sumuštinių ir omletų iki sriubų, troškinių ir makaronų patiekalų. Naudodami mikrobangų puodelio patiekalų kulinarijos knygą galėsite gaminti įvairius skanius patiekalus naudodami puodelį, mikrobangų krosnelę ir kelis paprastus ingredientus. Šie patiekalai puikiai tinka tiems, kurie ieško greitų ir lengvų patiekalų, kurie taip pat būtų sveiki ir sotūs. Nesvarbu, ar esate užsiėmęs koledžo studentas, dirbantis profesionalas ar užsiėmęs tėvai, ši kulinarijos knyga yra puikus sprendimas jūsų valgio metu.

# PUSRYČIAI IR PRIEŠVIEJI

1. **Sūrio omletas mikrobangų krosnelėje**

Išeiga: 2 porcijos
Ingredientas
- 3 dideli kiaušiniai
- ⅓ puodelio majonezo
- 2 šaukštai margarino
- ½ puodelio Čedaro sūrio - susmulkintas
- Žirniai
- Juodosios alyvuogės – susmulkintos

Į mažesnį dubenį supilkite kiaušinių trynius ir tais pačiais plakikliais išplakite trynius, majonezą ir 2 šaukštus vandens.

Švelniai supilkite trynių mišinį ant baltymų ir atsargiai įmaišykite.

Ištirpinkite margariną 9 colių pyrago lėkštėje ir pasukite, kad padengtumėte vidų.

Atsargiai supilkite kiaušinius į pyrago lėkštę. Mikrobangų krosnelėje vidutinėje temperatūroje 5–7 minutes

Pabarstykite tarkuotu sūriu ant kiaušinių ir kaitinkite mikrobangų krosnelėje vidutinėje temperatūroje nuo 30 sekundžių iki 1 minutės.

Pabarstykite smulkintais laiškiniais česnakais alyvuogėmis, tada greitai mentele apbraukite indo šonus ir dugną. Pusę omleto sulenkite ant kitos pusės. Padėkite ant serviravimo lėkštės.

2. **Kiaušinė plakta su kumpiu**

**INGRIDIENTAI:**
- Nelipnus virimo purškalas
- ½ puodelio plonais griežinėliais pjaustyto delikateso kumpio
- 3 šaukštai tarkuoto šveicariško sūrio
- 2 kiaušiniai
- 1 arbatinis šaukštelis Dižono garstyčių
- ⅛ arbatinio šaukštelio košerinės druskos
- 3 malti juodieji pipirai
- Susmulkinti švieži laiškiniai česnakai

**INSTRUKCIJOS:**
a) Apipurkškite 16 uncijų puodelio vidų virimo purkštuvu.
b) Dubenyje sumaišykite visus ingredientus ir supilkite į puodelį.
c) Uždenkite ir kepkite mikrobangų krosnelėje 1,5 minutės.
d) Šakute susmulkinkite kiaušinių mišinį, tada vėl uždenkite ir kepkite mikrobangų krosnelėje dar maždaug 30 sekundžių.

3. **Ananasų kokoso avižiniai dribsniai**

**INGRIDIENTAI:**
- 1 puodelis konservuoto šviesaus kokosų pieno, gerai suplaktas
- ½ puodelio šaldytų ananasų gabaliukų
- ½ puodelio greitai paruošiamų avižų
- 1 valgomasis šaukštas susmulkinto nesaldinto kokoso
- 2 arbatiniai šaukšteliai klevų sirupo
- ⅛ arbatinio šaukštelio košerinės druskos
- 1 valgomasis šaukštas smulkiai pjaustytų anakardžių

**INSTRUKCIJOS:**
a) Dubenyje sumaišykite kokosų pieną, ananasus, avižas, kokosą, sirupą ir druską.
b) Supilkite į 16 uncijų puodelį.
c) Uždenkite ir mikrobangų krosnelėje, kol suminkštės, maždaug 3½ minutės.
d) Pabarstykite riešutais.

4. **Pusryčių baras su quinoa**

**INGRIDIENTAI:**
- Nelipnus virimo purškalas
- 2 šaukštai greitai paruošiamų avižų
- 2 šaukštai virtos quinoa
- 2 šaukštai smulkiai pjaustytų pistacijų
- 2 šaukštai saldintų džiovintų vyšnių
- 2 šaukštai augalinio aliejaus
- 2 šaukštai medaus
- ¼ arbatinio šaukštelio košerinės druskos

**INSTRUKCIJOS:**
a) Apipurkškite 12 uncijų puodelio vidų virimo purkštuvu.
b) Sumaišykite visus ingredientus dubenyje, tada supilkite į puodelį.
c) Uždenkite ir kepkite mikrobangų krosnelėje, kol avižos išvirs, maždaug 3 minutes.
d) Karštą mišinį supilkite ant pergamento gabalėlio, suformuodami stačiakampį arba siaurą tradicinį strypą.
e) Atvėsinkite, kol atvės ir taps vientisa, 30 minučių ar ilgiau.

## 5. Uogos ir avižos

**INGRIDIENTAI:**
- ¾ puodelio vandens
- ¾ puodelio greitų avižų
- ⅓ puodelio mišrių uogų

**INSTRUKCIJOS**
a) Vandenį užvirinkite mikrobangų krosnelėje
b) Išimkite, įmaišykite avižas ir grąžinkite į mikrobangų krosnelę 1 minutei.
c) Išdėliokite lėkštėje su sumaišytomis uogomis.

6. **Karšti lašišos gurkšniai**

Padaro: 8 porcijos

**INGRIDIENTAI:**
- 15½ uncijos konservuotos lašišos
- 1 puodelis Vandens
- ½ stiklinės sviesto
- 12 lašų karšto padažo
- ¼ arbatinio šaukštelio druskos
- 1 puodelis Miltų
- 4 Kiaušiniai
- 2 šaukštai česnako, susmulkinti
- 1 stiklinė grietinės
- 1 valgomasis šaukštas krienų
- 2 šaukštai citrinos sulčių
- ½ arbatinio šaukštelio cukraus
- ¼ arbatinio šaukštelio druskos
- ¼ arbatinio šaukštelio Šviežiai nutarkuota citrinos žievelė
- truputis baltųjų pipirų

**INSTRUKCIJOS:**
a) Lašišą nusausinkite ir pašalinkite odą bei kaulus.
b) Keptuvėje sumaišykite vandenį, sviestą, aštrų padažą ir druską.
c) Ant stiprios ugnies visiškai užvirkite.
d) Suberkite visus miltus.
e) Nuolat maišykite ant vidutinės ugnies apie 3 minutes arba tol, kol padažas sutirštės ir paliks keptuvės šonus.
f) Nukelkite nuo ugnies ir po vieną įmuškite 4 kiaušinius iki vientisos ir blizgios masės.
g) Suberkite laiškinį česnaką ir lašišą.
h) Viską maišykite iki vientisos masės. Palikite 15 minučių atvėsti.
i) Keptuvėje įkaitinkite 3 colius aliejaus iki 370 laipsnių pagal Farenheitą.
j) Į karštą aliejų atsargiai įlašinkite arbatinius šaukštelius lašišos mišinio.
k) Kepkite 3 minutes, retkarčiais pasukdami iki auksinės spalvos.
l) Nusausinkite ant popierinių rankšluosčių ir patiekite.

7. **Picos skrebučiai**

Gamina: 2

**INGRIDIENTAI:**
- 2 riekelės daugiagrūdės duonos
- 2 šaukštai pomidorų pastos be druskos
- ½ puodelio mocarelos
- ¼ puodelio kapotų ananasų
- 2 griežinėliai kumpio, susmulkinti

**INSTRUKCIJOS:**
a) Išdėliokite 2 duonos riekeles ant grotelių ant emaliuoto padėklo.
b) Skrudinkite ant grotelių 1 4 minutes, apverskite ir kepkite dar 2 minutes.
c) Skrebučius aptepkite pomidorų pasta ir pabarstykite tarkuota mocarela, o ant viršaus uždėkite kumpio ir ananasų.
d) Virkite Combi 1 4 minutes arba tol, kol sūris išsilydys ir pradės ruduoti.
e) Supjaustykite ir patiekite su daržovėmis ir pjaustytais vaisiais.

8. **Prancūziškas skrebutis su dviguba uoga**

- Nelipnus virimo purškalas
- ¼ puodelio pieno
- 1 didelis kiaušinis
- 1 Valg. Klevų sirupas
- ⅛ šaukštelio. košerinė druska
- ⅛ šaukštelio. malto cinamono
- 1 šaukštelis. gryno vanilės ekstrakto
- 1 puodelis 1 colio kruasano, brioche arba chalos ritinėlio
- 1 Valg. aviečių konservai
- 10 šviežių uogų, pavyzdžiui, aviečių, patiekimui

Purškite 12 uncijų vidų. puodelis su virimo purkštuvu.

Sumaišykite pieną, kiaušinį, 1 šaukštelį. sirupo, druskos, cinamono ir vanilės mažame arba vidutiniame dubenyje. Gerai išplakti šakute. Sudėkite duoną ir išmaišykite, pamirkykite 2 minutes.

Tuo tarpu šaukštu supilkite konservus į puodelį. Ant viršaus uždėkite mirkytų duonos gabalėlių (likusį skystį išmeskite).

Uždenkite ir kepkite mikrobangų krosnelėje, kol skystas mišinys sukietės, maždaug 2 minutes (gali matytis šiek tiek kiaušinio baltymo). Ant viršaus užpilkite likusiu sirupu ir uogomis.

9. **Bananų žemės riešutų sviestas Avižiniai dribsniai**

- ½ puodelio pieno
- 1 sutrintas labai prinokęs bananas (nedaug ½ puodelio)
- ¼ puodelio greitai paruošiamų avižų
- 1 Valg. kreminis žemės riešutų sviestas
- 1 šaukštelis. medus
- ½ šaukštelio. gryno vanilės ekstrakto
- ⅛ šaukštelio. košerinė druska
- ⅛ šaukštelio. malto cinamono

Sumaišykite visus ingredientus mažame dubenyje ir gerai išmaišykite. Supilkite į 12 uncijų. bokalas.
Uždenkite ir kepkite mikrobangų krosnelėje, kol avižos išvirs, maždaug 2 minutes.

## 10. Pusryčiai Polenta su uogomis

- ½ puodelio šaldytų mišrių uogų (neatšildytų)
- 1 Valg. uogų konservai (bet kokio skonio)
- Maždaug ½ tūbelės iš anksto išvirtos polentos, supjaustytos ½ colio storio apskritimais
- ¼ plius ⅛ šaukštelio. malto cinamono
- 1 Valg. pieno
- 1 šaukštelis. klevų sirupo arba medaus

Nedideliame dubenyje sumaišykite uogas ir konservus.
Įdėkite vieną polentą į 16 uncijų indą. puodelį ir pabarstykite ⅛ šaukšteliu. cinamono. Ant viršaus uždėkite trečdalį uogų mišinio. Sluoksniavimą pakartokite dar du kartus, sunaudodami visą polentą, cinamoną ir uogas. Paspauskite sluoksnius ir uždenkite.
Mikrobangų krosnelėje kol įkaista, apie 4 minutes
Apšlakstykite pienu ir sirupu.

## 11. Aviečių avižiniai dribsniaisu klevu

- 1 puodelis pieno
- ½ puodelio greitai paruošiamų avižų
- ½ puodelio supakuotų šviežių aviečių
- 2 Vš. Klevų sirupas
- ¼ šaukštelio. malto cinamono
- ⅛ šaukštelio. košerinė druska

Nedideliame dubenyje sumaišykite visus ingredientus ir supilkite į 16 uncijų. bokalas.
Uždenkite ir kepkite mikrobangų krosnelėje, kol avižos išvirs, maždaug 2 minutes.

## 12. Kiaušinė plakta su kumpiu

- Nelipnus virimo purškalas
- ½ puodelio ¼ colio kubeliais plonai pjaustyto delikateso kumpio
- 3 Valg. tarkuoto šveicariško sūrio
- 2 dideli kiaušiniai
- 1 šaukštelis. Dižono garstyčios
- ⅛ šaukštelio. košerinė druska
- 3 malti juodieji pipirai
- Maltų šviežių česnakų arba plokščialapių petražolių lapelių (nebūtina)

Purškite 16 uncijų vidų. puodelis su virimo purkštuvu.
Nedideliame dubenyje sumaišykite visus ingredientus ir supilkite į puodelį.
Uždenkite ir kepkite mikrobangų krosnelėje 1,5 minutės. Šakute sulaužykite kiaušinių mišinį, tada vėl uždenkite ir kepkite mikrobangų krosnelėje, kol kiaušiniai visiškai iškeps, dar maždaug 30 sekundžių.

## 13. Kompotas su javais

- ½ puodelio šviežių baltųjų persikų griežinėlių (apie 1 persikas)
- ½ puodelio šviežių mėlynių
- 1 šaukštelis. Klevų sirupas
- ⅛ šaukštelio. košerinė druska
- ⅛ šaukštelio. malto cinamono
- ½ puodelio nesaldintų javų dribsnių
- 2 Vš. pjaustytų migdolų

Sumaišykite persikus, mėlynes, sirupą, druską ir cinamoną mažame arba vidutiniame dubenyje, tada supilkite į 16 uncijų. bokalas. 2. Uždenkite ir kepkite mikrobangų krosnelėje, kol sušils ir suminkštės, maždaug 2 minutes.

Ant viršaus pabarstykite dribsnius ir riešutus. Vėl uždenkite ir kepkite mikrobangų krosnelėje, kol užpilas šiek tiek sušils, dar apie 45 sekundes.

## 14. Ananasų kokoso avižiniai dribsniai

- 1 puodelis konservuoto šviesaus kokosų pieno, gerai suplaktas
- ½ puodelio šaldytų ananasų gabaliukų
- ½ puodelio greitai paruošiamų avižų
- 1 Valg. susmulkinto nesaldinto kokoso
- 2 arb. Klevų sirupas
- ⅛ šaukštelio. košerinė druska
- 1 Valg. smulkiai pjaustytų anakardžių

Mažame arba vidutiniame dubenyje sumaišykite kokosų pieną, ananasus, avižas, kokosą, sirupą ir druską. Supilkite į 16 uncijų. bokalas.
Uždenkite ir mikrobangų krosnelėje, kol suminkštės, maždaug 3½ minutės. Pabarstykite riešutais.

## 15. Avižų uogų bandelė

- Nelipnus virimo purškalas
- ¼ puodelio plius ½ šaukštelio. balti pilno grūdo miltai
- 3 Valg. greitai paruošiamos avižos
- ½ šaukštelio. kepimo milteliai
- ¼ šaukštelio. malto cinamono
- ⅛ šaukštelio. košerinė druska
- ¼ puodelio pieno
- 2 Vš. dygminų aliejus
- 1 didelis kiaušinis
- 1 Valg. medus
- ½ šaukštelio. gryno vanilės ekstrakto
- 3 Valg. šviežios mėlynės

Nedideliame dubenyje šakute suplakite ¼ puodelio miltų, avižas, kepimo miltelius, cinamoną ir druską.

Nedideliame dubenyje išplakite pieną, aliejų, kiaušinį, medų ir vanilę. Supilkite sausus ingredientus į šlapius ir maišykite, kol susimaišys.

Nedideliame dubenyje išmeskite uogas su likusiais ½ šaukštelio. miltų ir suberkite į tešlą. Maišykite tik tol, kol susimaišys. Supilkite į puodelį.

Uždenkite ir mikrobangų krosnelėje, kol iškeps centre, maždaug 2,5 minutės

## 16. Virtas kiaušinis ant skrebučio

- 1 didelis kiaušinis
- 1 riekelė viso grūdo duonos, skrudinta
- 1 žiupsnelis košerinės druskos
- 2 malti juodieji pipirai
- Susmulkinti švieži laiškiniai česnakai, pjaustytas avokadas arba smulkiais kubeliais supjaustyti pomidorai

Įpilkite ½ puodelio vandens į 12 uncijų. bokalas. Švelniai įmuškite kiaušinį į vandenį (jis turi būti panardintas). Uždenkite santykinai sunkiu mikrobangų krosnelėje saugiu dangteliu arba stiklainiu, kuris tilps į puodelį ir liks ant kiaušinio viršaus, spausdamas jį žemyn.

Mikrobangų krosnelėje, kol baltymas taps visiškai nepermatomas ir iškeps, bet trynys vis dar išsilydys, maždaug 1 minutę 45 sekundes

Padėkite švarų rankšluostį ant prekystalio. Šaukštu atsargiai perkelkite išplaktą kiaušinį į rankšluostį, kad nuvarvėtų. Į lėkštę išdėliokite skrebučius ir ant viršaus uždėkite plaktą kiaušinį. Pabarstykite kiaušinį druska ir pipirais ir, jei norite, uždėkite laiškinius česnakus, avokadą ir pomidorą.

## 17. rudieji ryžiaisu datomis

- ¾ puodelio virtų rudųjų ryžių (ilgų arba trumpagrūdžių)
- ¼ puodelio pieno
- 3 Valg. šviežių apelsinų sulčių
- 1 Valg. plius 1 arb. smulkiai pjaustytų datulių (apie 2 dideles)
- ¾ šaukštelio. šviežios apelsino žievelės ½ šaukštelio. Klevų sirupas
- ⅛ šaukštelio. malto cinamono
- ⅛ šaukštelio. malto kardamono
- ⅛ šaukštelio. košerinė druska
- 1½ šaukštai. pistacijos, lengvai paskrudintos ir smulkiai pjaustytos

Sumaišykite visus ingredientus, išskyrus pistacijas, mažame arba vidutiniame dubenyje ir supilkite į 16 uncijų. bokalas.
Uždenkite ir kepkite mikrobangų krosnelėje, kol indas įkais, apie 2 minutes.
Ant viršaus uždėkite pistacijų.

## 18. Pusryčių baras su quinoa

- Nelipnus virimo purškalas
- 2 Vš. greitai paruošiamos avižos
- 2 Vš. virtos quinoa
- 2 Vš. smulkiai pjaustytų pistacijų
- 2 Vš. saldintos džiovintos vyšnios
- 2 Vš. daržovių aliejus
- 2 Vš. medus
- ¼ šaukštelio. košerinė druska

Purškite 12 uncijų vidų. puodelis su virimo purkštuvu. Sumaišykite visus ingredientus mažame arba vidutiniame dubenyje, tada supilkite į puodelį.

Uždenkite ir kepkite mikrobangų krosnelėje, kol avižos išvirs, maždaug 3 minutes. 3. Karštą mišinį supilkite ant pergamento arba vaškuoto popieriaus gabalo, suformuokite stačiakampį arba siaurą tradicinį strypą. Atvėsinkite, kol atvės ir taps vientisa, 30 minučių ar ilgiau.

## 19. Sūrūs tuno blyneliai

Išeiga: 4 porcijos
Ingredientas
- 4 blyneliai
- ½ puodelio kapotų salierų
- ¼ puodelio susmulkinto svogūno
- 1 skardinė (7 3/4 uncijos) tuno, nusausinta
- 2 puodeliai šaldyti brokoliai, supjaustyti
- 2 puodeliai susmulkinto Čedaro sūrio

Paruoškite blynelius. Įdėkite brokolius į 1½ kv. mikrobangų krosnelei tinkamas troškinys.

Uždenkite ir mikrobangų krosnelėje, kaip nurodyta; nusausinti Įmaišykite 1 ½ puodelio sūrio ir likusius ingredientus. Mikrobangų krosnelė uždengta 1 minutę.
Šaukštu ant blynelių; suvynioti. Sudėkite į kvadratinį mikrobangų indą, 8 x 8 x 2 colių; pabarstykite likusiu sūriu.
Laisvai uždenkite plastikine plėvele ir įkaitinkite mikrobangų krosnelę, kol sūris išsilydys, 2–3 minutes⅖ Porcijos.

## 20. Vyšnių mikrobangų granola

Išeiga: 1 porcija

Ingredientas
- 1 stiklinė rudojo cukraus
- ¼ puodelio cukraus
- ½ puodelio suminkštinto margarino
- 2 šaukštai Medaus
- ½ arbatinio šaukštelio vanilės
- 1 Kiaušinis
- 1 puodelis Miltų
- 1 arbatinis šaukštelis cinamono
- ½ arbatinio šaukštelio Kepimo miltelių
- ¼ arbatinio šaukštelio druskos
- 1½ puodelio Greitai paruošiamų avižų
- 1¼ puodelio traškių ryžių dribsnių
- 1 puodelis kapotų migdolų
- 1 puodelis razinų
- ½ puodelio Kviečių gemalų

Sutepkite riebalais 13 x 9 colių mikrobangų krosnelei tinkamą kepimo indą. Suplakite cukrų ir margariną iki purios masės

Įpilkite medaus, vanilės ir kiaušinio; gerai ismaisyti. Įmaišykite miltus, kepimo miltelius ir prieskonius.

Galiausiai įmaišykite likusius sausus ingredientus. Supilkite į indą. Mikrobangų krosnelėje 6 arba 60 % 7–9 minutes arba kol sustings

Apverskite indą kas 3 minutes. Strypai sutvirtės stovėdami.

# UŽKANDŽIAI

## 21. Mikrobangų špinatų rutuliukai

Padaro: 24 porcijos

**INGRIDIENTAI:**
- 10 uncijų špinatų, šaldytų
- ¾ puodelio šveicariško sūrio, susmulkinto
- 2 šaukštai parmezano sūrio, tarkuoto
- ¼ puodelio sausos duonos trupinių
- 1 valgomasis šaukštas svogūnas, tarkuotas
- 1 kiaušinis, sumuštas
- ½ arbatinio šaukštelio druskos

**INSTRUKCIJOS:**
a) Įdėkite špinatų pakuotę į mikrobangų krosnelę ir virkite aukštoje temperatūroje 4–5 minutes arba kol atitirps.
b) Nusausinkite, stipriai paspausdami, kad ištrauktumėte kuo daugiau skysčio
c) Špinatus gerai išmaišykite su šveicarišku ir parmezano sūriais, duonos trupiniais, svogūnu, kiaušiniu ir druska.
d) Suformuokite 1 colio rutuliukus, kiekvienam rutuliui naudodami 1½ arbatinio šaukštelio mišinio.
e) Mikrobangų krosnelėje 2 minutes
f) Sumažinkite galią iki vidutinės arba pusės galios.
g) Kepkite mikrobangų krosnelėje 5 minutes arba kol įkais ir tiesiog sustings, vieną ar du kartus pertvarkydami

## 22. Šonine apvynioti sūrio šunys

Padaro: 4 porcijos
**INGRIDIENTAI:**
- 4 dešrainiai
- 4 griežinėliai šoninės
- 1 riekelė amerikietiško sūrio
- 4 dešrainių bandelės
- Garstyčios

**INSTRUKCIJOS:**
a) Padėkite šoninę ant mikrobangų krosnelės grotelių. Uždenkite popieriniu rankšluosčiu. Mikrobangų krosnelės aukšta temperatūra 3½ minutės arba kol beveik iškeps.
b) Pradėdami ½ colio nuo galo, perpjaukite kiekvieną dešrainį išilgai. Sūrį supjaustykite į 4 juosteles ir sudėkite į dešraines.
c) Apvyniokite šoninę aplink dešrainius ir sutvirtinkite dantų krapštukais. Nusausinkite riebalus nuo šoninės lentynos. Padėkite dešrainius ant stovo.
d) Uždenkite popieriniu rankšluosčiu.

## 23. Šokoladu dengti bananai

Pagamina: 1 porcija

**INGRIDIENTAI:**
- 10 kietų obuolių bananų
- 10 plokščių medinių iešmelių
- 1 puodelis pusiau saldaus šokolado gabaliukų
- 3 šaukštai Sutrumpinimas

**INSTRUKCIJOS:**
a) Nulupkite ir nupjaukite gabalėlį kiekvieno banano galiuko; į nupjautus galus įkiškite iešmelius. Dėkite į šaldiklį 3 valandoms, kol sustings.
b) Prieš patiekdami į dubenį sudėkite šokoladą ir sutrumpinimą.
c) Mikrobangų krosnelėje 50 % galia 2½–4 minutes arba tol, kol dauguma gabalėlių taps blizgūs ir minkšti; gerai ismaisyti.
d) Nedelsdami panardinkite bananus į šokoladą, jei reikia, apverskite, kol bananai pasidengs.
e) Patiekę suvyniokite ir užšaldykite likusius padengtus bananus

## 24. Vaisių riešutų kekės

**INGRIDIENTAI:**
- 1 puodelis vanilės arba baltųjų drožlių
- ⅓ puodelio džiovintų spanguolių
- ⅓ puodelio sūdytų nesmulkintų anakardžių

**INSTRUKCIJOS:**
a) Mikrobangų krosnelei tinkamame dubenyje ištirpinkite drožles; maišykite iki vientisos masės. Įmaišykite spanguoles ir anakardžius.
b) Supilkite po šaukštą ant vaškiniu popieriumi išklotos kepimo skardos.
c) Šaldykite iki standumo.
d) Laikyti hermetiškame inde.

## 25. Pretzels Drugeliai

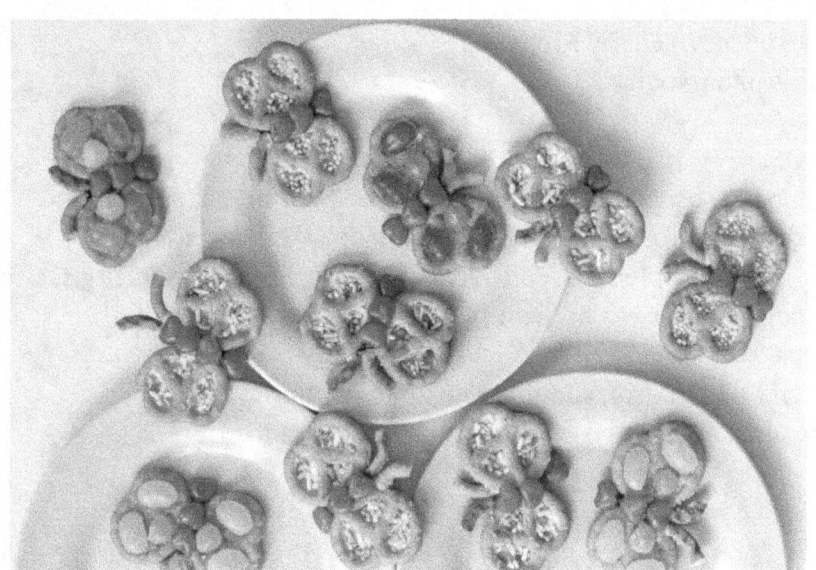

**INGRIDIENTAI:**
- Mini pyragaičiai
- Priklijuokite klinģerus
- 4 skirtingų spalvų Candy Melts
- Spalvotas pabarstymas

**INSTRUKCIJOS:**
a) Mikrobangų krosnelėje padėkite saldainius 1 minutę, kad ištirptų.
b) Pamerkite klinģerus į norimas spalvas ir išdėliokite kartu ant pergamentinio popieriaus, kad susidarytų drugelis arba laumžirgis.
c) Pagaliukų klinģerės yra per vidurį, o šonuose yra 2 arba 4 mini klinģerai.
d) Pabarstykite bet kokius įdomius saldainių papuošimus.
e) Leiskite visiškai atvėsti iki vientisos masės. Tarnauti.

## 26. Šokoladiniai vaisiai

**INGRIDIENTAI:**
- 12 uncijų maišelis pusiau saldaus šokolado drožlių
- 10 braškių
- 2 bananai, nulupti ir supjaustyti gabalėliais
- Iešmelių pagaliukai

**INSTRUKCIJOS:**
a) Kepimo skardą išklokite vaško popieriumi.
b) Mikrobangų krosnelėje šokoladą mikrobangų krosnelėje tinkamame dubenyje kaitinti žema temperatūra 4 minutes, po 1 minutės maišant. Tęskite, kol šokoladas ištirps.
c) Pamerkite vaisius po vieną į ištirpintą šokoladą. Padėkite ant popieriumi iškloto dėklo.
d) Susukite į iešmelius ir šaldykite 20 minučių, kol sustings.

## 27. Corny kepta bulvė

**INGRIDIENTAI:**
- 1 bulvė
- Alyva
- Žiupsnelis druskos
- 2 šaukštai tarkuoto sūrio
- ⅓ puodelio smulkiai pjaustytų paprikų
- 1 valgomasis šaukštas kukurūzų branduolių
- 2 šaukštai grietinės, majonezo arba jogurto

**INSTRUKCIJOS:**
a) Bulvę įtrinkite trupučiu aliejaus ir druskos ir subadykite šakute.
b) Įdėkite bulves į mikrobangų krosnelėje atsparų dubenį ir virkite penkias minutes ant aukštos temperatūros, kol ji suminkštės.
c) Bulvę supjaustykite ketvirčiais, bet neperpjaukite odelės apačioje, kad liktų kartu.
d) Ant dugno pabarstykite šiek tiek sūrio, tada suberkite papriką ir kukurūzus.
e) Ant likusio sūrio uždėkite grietinės arba majonezo.

## 28. Sūrūs Nachos

**INGRIDIENTAI:**
- 4 uncijos kukurūzų tortilijos traškučių
- ½ puodelio salsos
- 1 puodelis tarkuoto čederio arba jack sūrio
- Spalvingi priedai, tokie kaip špinatų lapai, raudonos pupelės, kukurūzų branduoliai, vyšniniai pomidorai ir griežinėliais supjaustytos paprikos

**INSTRUKCIJOS:**
a) Kukurūzų traškučius išdėliokite ant mikrobangų krosnelei atsparios lėkštės.
b) Kukurūzų traškučius paskleiskite salsa.
c) Išdėliokite špinatus, pupeles, kukurūzus, pomidorus ir paprikas.
d) Ant jo pabarstykite sūriu.
e) Mikrobangų krosnelėje 1½ minutės, kol sūris išsilydys.
f) Patiekite su gvakamole, grietine ar papildoma salsa.

## 29. Ožkos sūrio bekono rutuliukai

Gamintojas: 16

**INGRIDIENTAI:**
- 6 griežinėliai šoninės
- 4 uncijos ožkos sūrio
- 4 uncijos grietinėlės sūrio
- 2 šaukštai kapotų čiobrelių arba baziliko padalinti
- ¼ arbatinio šaukštelio juodųjų pipirų
- ¼ puodelio pekano riešutų

**INSTRUKCIJOS:**
a) Šoninę apkepkite keptuvėje ant vidutinės ugnies.
b) Iškelkite į popieriniu rankšluosčiu išklotą lėkštę, kad nuvarvėtų.
c) Glostykite skilteles, kad pašalintumėte riebalų perteklių.
d) Kol šoninė kepa, virtuviniu kombainu išplakite ožkos sūrį, kreminį sūrį, 1 valgomąjį šaukštą žolelių ir juoduosius pipirus.
e) Plakite iki kreminės masės.
f) Sudėkite rutuliukus ant kepimo popieriumi išklotos skardos.
g) Įdėkite į šaldiklį 20 minučių, kad šiek tiek sutvirtėtų.
h) Išvalykite virtuvės kombainą. Sutrupinkite atvėsintą šoninę, likusį šaukštą žolelių ir pekano riešutus.
i) Plakite iki labai smulkių ir trupinių; jis turėtų būti toks geras, koks bus jūsų virtuvės kombainas.
j) Sūrio rutuliukus išimkite iš šaldiklio ir apvoliokite šoninės mišinyje, spauskite pirštais, jei iš karto neprilimpa.
k) Sudėkite rutuliukus į indą ant šonų ir šaldykite iki patiekimo. Patiekite ant dantų krapštukų arba su krekeriais.

## 30. Chex purvini bičiuliai

Išeiga: 9 puodeliai

Ingredientas
- 9 puodeliai Chex prekės ženklo dribsnių
- 1 puodelis pusiau saldaus šokolado traškučių
- ½ puodelio REESE'S žemės riešutų sviesto
- ¼ puodelio margarino arba sviesto
- 1 arbatinis šaukštelis vanilės ekstrakto
- 1½ puodelio C&H cukraus pudros (nebūtina)

Supilkite grūdus į didelį dubenį; atidėti.

1 kvorto dubenyje, kurį galima naudoti mikrobangų krosnelėje, sumaišykite HERSHEY'S šokolado traškučius, REESE'S žemės riešutų sviestą ir margariną. Mikrobangų krosnelėje HIGH 1–1½ minutės arba iki vientisos masės, maišydami po 1 minutės Įmaišykite vanilę.

Supilkite šokolado mišinį ant dribsnių, maišykite, kol visi gabalėliai tolygiai pasidengs. Supilkite grūdų mišinį į didelį GLAD-LOCK uždaromą plastikinį maišelį su C&H cukraus pudra. Tvirtai uždarykite ir purtykite, kol visos dalys bus gerai padengtos. Paskleiskite ant vaškuoto popieriaus, kad atvėstų. >>> Tęsinys prie kito pranešimo

## 31. Granola batonėlis su abrikosais

- 2 Vš. greitai paruošiamos avižos
- 2 Vš. virtos quinoa
- 2 Vš. smulkiai pjaustytų džiovintų abrikosų
- 1 Valg. smulkiai pjaustytų anakardžių
- 1 Valg. nesaldintas susmulkintas kokosas 2 Valg. daržovių aliejus
- 2 Vš. Klevų sirupas
- ¼ šaukštelio. košerinė druska

Purškite 12 uncijų vidų. puodelis su virimo purkštuvu. 2. Mažame arba vidutiniame dubenyje sumaišykite visus ingredientus. Supilkite mišinį į puodelį.

Uždenkite ir kepkite mikrobangų krosnelėje, kol avižos išvirs, maždaug 3 minutes.

Karštą mišinį supilkite ant pergamento arba vaškuoto popieriaus gabalo, suformuokite stačiakampį arba tradicinį siaurą juostelę. Šaldykite, kol atvės ir sutvirtės, 30 minučių ar ilgiau.

## 32. Mikrobangų krosnelės puodelis Pica

Gamina: 1

**INGRIDIENTAI:**

- 4 šaukštai universalių miltų
- ⅛ arbatinio šaukštelio kepimo miltelių
- 1/16 arbatinio šaukštelio kepimo sodos
- ⅛ arbatinio šaukštelio druskos
- 3 šaukštai pieno
- 1 valgomasis šaukštas alyvuogių aliejaus
- 1 valgomasis šaukštas marinara padažo
- 1 gausus šaukštas susmulkinto mocarelos sūrio
- 5 mini pipirai
- ½ arbatinio šaukštelio džiovintų itališkų žolelių

**INSTRUKCIJOS:**

a) Sumaišykite miltus, kepimo miltelius, soda ir druską mikrobangų krosnelėje.
b) Įpilkite pieno ir aliejaus, tada išmaišykite.
c) Šaukštu užpilkite marinara padažo ir paskleiskite juo tešlos paviršių.
d) Pabarstykite sūriu, pipirais ir džiovintomis žolelėmis
e) Mikrobangų krosnelėje 1 minutę 20 sekundžių arba kol pakils ir užpilai ims burbuliuoti.

## 33. Sūris Dip

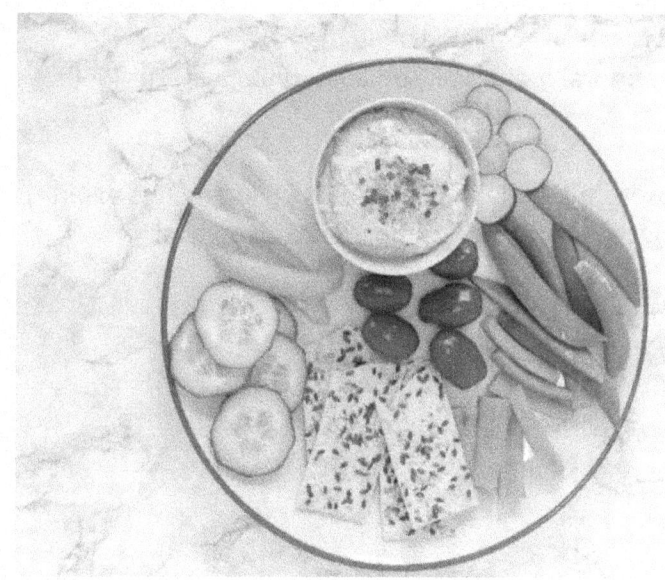

**INGRIDIENTAI:**
- 4 uncijos grietinėlės sūrio
- 1½ puodelio tarkuoto čederio sūrio
- 1 valgomasis šaukštas saldaus čili padažo
- Morkos, salierai, pomidorai ir agurkai, supjaustyti plonais griežinėliais

**INSTRUKCIJOS:**
a) Kreminį sūrį ir tarkuotą sūrį sudėkite į mikrobangų krosnelėje atsparų dubenį ir vieną minutę kepkite ant „žemos" arba „lydymosi" temperatūros.
b) Įpilkite čili padažo ir gerai išmaišykite.
c) Patiekite su daržovėmis panardinimui.

## 34. Dešrainis su medaus garstyčiomis

**INGRIDIENTAI:**
- 1 dešrainis, supjaustytas į 8 skilteles
- ¼ puodelio susmulkinto mocarelos sūrio
- 2 šaukštai medaus garstyčių

**INSTRUKCIJOS:**
a) Sumaišykite visus ingredientus 12 uncijų puodelyje.
b) Uždenkite ir virkite, kol dešrainis įkais, o sūris išsilydys maždaug 2,5 minutės.

# SUMUŠTINIS IR ĮVYNIAI

## 35. Vištienos ir ananasų burrito

**INGRIDIENTAI:**
- ½ puodelio susmulkintos vištienos, pašalinta oda
- 3 šaukštai aukštos kokybės salsos
- 2 šaukštai konservuotų juodųjų pupelių, nuplauti ir nusausinti
- 2 šaukštai smulkiai pjaustytų raudonųjų svogūnų
- 2 šaukštai kubeliais pjaustytų šviežių ananasų
- 2 šaukštai smulkiai pjaustytų paprikų
- ¼ arbatinio šaukštelio maltų kmynų
- ¼ arbatinio šaukštelio košerinės druskos
- 6 colių kvietinė tortilija

**INSTRUKCIJOS:**
a) Dubenyje sumaišykite visus ingredientus, išskyrus tortiliją.
b) Supilkite į 12 uncijų puodelį.
c) Uždenkite ir kepkite mikrobangų krosnelėje, kol svogūnai suminkštės, apie 2 minutes.
d) Padėkite tortiliją ant lėkštės ir uždenkite švariu virtuviniu rankšluosčiu.
e) Mikrobangų krosnelėje, kol sušils, apie 20 sekundžių
f) Šaukštu uždėkite įdaro ant tortilijos ir susukite.

## 36. **Edamame įvyniojimai**

**INGRIDIENTAI:**
- 6 šaukštai Edamame humuso
- 2 miltinių tortilijų
- ½ puodelio susmulkintų morkų ir kopūstų
- 1 puodelis šviežių kūdikių špinatų
- 6 griežinėliai pomidoro
- 2 šaukštai žaliųjų deivės salotų padažo

**INSTRUKCIJOS:**
a) Kiekvieną tortiliją užtepkite humusu.
b) Sluoksniuokite su kopūstais ir morkomis, špinatais ir pomidorais.
c) Apšlakstykite padažu.
d) Tvirtai susukite.
e) 2 minutes pašildykite mikrobangų krosnelėje.

**37. Sumuštinis su raugintais kopūstais**

**INGRIDIENTAI:**
- 4 storos prancūziškos duonos riekelės
- 1 valgomasis šaukštas sviesto
- 4 Bolonijos griežinėliai
- 4 riekelės saliamio
- 16 uncijų skardinė raugintų kopūstų
- 1 puodelis Mocarelos sūrio, susmulkintas

**INSTRUKCIJOS:**
a) Prancūzišką duoną ištepkite sviestu ir įdėkite Bolonijos riekelę bei saliamio.
b) Sudėkite raugintus kopūstus ir sūrį.
c) Padėkite ant mikrobangų krosnelei tinkamos lėkštės ir mikrobangų krosnelėje 3 minutes arba kol sušils.

## 38. Meksikietiškas daržovių mėsainis

- ½ puodelio konservuotų pinto pupelių, nuplautų ir nusausintų
- ¼ puodelio paprastų pilno grūdo džiūvėsėlių
- ¼ puodelio salsos
- ¼ puodelio smulkiai tarkuotų morkų
- 1 Valg. plonais griežinėliais pjaustytų laiškinių svogūnų
- ½ avokado, supjaustyto
- Mėsainio bandelė, patiekimui (nebūtina)

Vidutiniame dubenyje bulvių trintuvu sutrinkite pinto pupeles, džiūvėsėlius, salsą, morkas ir svogūnus. Rankomis suformuokite rutulį ir įdėkite į 16 uncijų. bokalas.

Uždenkite ir kepkite mikrobangų krosnelėje, kol svogūnai suminkštės, o mėsainis karštas, maždaug 2 minutes. Ant viršaus uždėkite avokado griežinėlius. Jei norite, patiekite ant mėsainio bandelės.

### 39. Ant grotelių keptas mėsainis sūris

**INGRIDIENTAI:**

- 1 mėsainio bandelė, padalinta
- 1 arbatinis šaukštelis geltonųjų deli garstyčių, padalintas
- ¼ puodelio susmulkinto Čedaro sūrio, padalinto
- 1 valgomasis šaukštas pieno

**INSTRUKCIJOS:**

a) Padalinkite garstyčias tarp abiejų bandelės pusių, tolygiai paskleiskite.
b) Įdėkite vieną bandelės pusę į 12 uncijų puodelį garstyčių puse į viršų.
c) Ant viršaus uždėkite pusę sūrio.
d) Ant viršaus uždėkite kitą bandelės pusę, garstyčių puse į viršų.
e) Pabarstykite likusiu sūriu, o tada supilkite pieną.
f) Uždenkite ir kepkite mikrobangų krosnelėje, kol sūris išsilydys, maždaug 3 minutes.

# MIKROBANGŲ PAGRINDINIAI PATIEKALAI

## 40. Puodelis TexMex

Išeiga: 4 porcijos
Ingredientas
- 1 svaras maltos jautienos
- 1 vidutinis svogūnas, susmulkintas
- ½ (1 25 oz.) vokelio taco prieskonių mišinio
- ½ (15–16 uncijų) indelio salsos
- ¼ puodelio grietinės
- 1½ puodelio tortilijos arba kukurūzų traškučių
- ¼ puodelio tarkuoto čederio

Vidutiniame dubenyje sumaišykite maltą jautieną, svogūną ir taco prieskonių mišinį; Virkite uždengę 4–6 minutes, kol jautiena nebebus rausva, vieną kartą įpusėjus virimui maišykite.

Įmaišykite salsą ir grietinę. 2. Į 1½ litrų troškintuvą sudėkite pusę mėsos mišinio, visus tortilijos traškučius, tada likusį mėsos mišinį.

Virkite uždengę 1–2 minutes, kol įkais

Atskleisti; pabarstykite sūriu. Virkite 1–2 minutes, kol sūris išsilydys. Patiekimo pasiūlymas: ant viršaus uždėkite bet kokių mėgstamų taco priedų: susmulkintų salotų, pjaustytų pomidorų, avokado griežinėlių.

## 41. Aštrūs korėjietiški mėsos kukuliai

**INGRIDIENTAI:**
- 2 šaukštai korėjietiško gochujang padažo
- ½ arbatinio šaukštelio malto šviežio imbiero
- ½ arbatinio šaukštelio šviežių laimo sulčių
- ½ arbatinio šaukštelio mažai natrio turinčio sojos padažo
- ½ arbatinio šaukštelio medaus
- 4 šaldyti iš anksto virti mėsos kukuliai

**INSTRUKCIJOS:**
a) 12 uncijų puodelyje suplakite gochujang padažą, imbierą, laimo sultis, sojos padažą ir medų.
b) Sudėkite kotletus ir išmaišykite, kad susimaišytų.
c) Uždenkite ir kepkite mikrobangų krosnelėje, kol mėsos kukulių centrai įkais, maždaug 4 minutes.

**42. Mėsos kukulis parmezanas**

**INGRIDIENTAI:**
- ¼ puodelio plius 2 šaukštai marinara padažo
- 3 šaukštai tarkuoto mocarelos sūrio
- 1 valgomasis šaukštas smulkiai tarkuoto Parmigiano-Reggiano sūrio
- 4 šaldyti iš anksto virti mėsos kukuliai
- 1 Hoagie vyniotinis, padalintas ir paskrudintas

**INSTRUKCIJOS:**
a) Dubenyje sumaišykite marinaros padažą, abiejų rūšių sūrį ir kotletus ir supilkite į 12 uncijų puodelį.
b) Uždenkite ir kepkite mikrobangų krosnelėje, kol mėsos kukulių centrai įkais, maždaug 4 minutes.
c) Supilkite ant duonos.

### 43. BBQ vištiena

**INGRIDIENTAI:**
- 4 vištienos krūtinėlės
- ½ puodelio barbekiu padažo
- ¼ puodelio čederio sūrio
- 3 valgomieji šaukštai šoninės gabaliukų

**INSTRUKCIJOS:**
a) Įdėkite vištienos krūtinėlę į mikrobangų krosnelės indą.
b) Viršų su padažu.
c) Virkite mikrobangų krosnelėje 5 minutes.
d) Pabarstykite čederio sūriu ir šoninės gabaliukais.
e) Virkite mikrobangų krosnelėje dar 3 minutes.

## 44. Mango pirmadienio mėsos kepalas

**INGRIDIENTAI:**
- 1 svaras liesos maltos jautienos
- 1 puodelis susmulkinto mango
- 1 puodelis duonos trupinių
- 1 kiaušinis
- 1 svogūnas, sutarkuotas
- druskos ir pipirų pagal skonį

**INSTRUKCIJOS:**
a) Sumaišykite visus ingredientus į dubenį ir sumaišykite rankomis.
b) Suformuokite kepalą ir sudėkite į stiklinę kepimo formą.
c) Uždenkite mikrobangų krosnelėje tinkamu vaškiniu popieriumi ir virkite mikrobangų krosnelėje 18 minučių.

## 45. Mikrobangų krosnelės grybų pyragaičiai

**INGRIDIENTAI:**

- ¼ puodelio kukurūzų krakmolo
- 2½ stiklinės jautienos sultinio
- 6 uncijų stiklainis pjaustytų grybų
- 4 arbatiniai šaukšteliai Worcestershire padažo
- 1 arbatinis šaukštelis džiovintas užstatas
- 1 kiaušinis
- ½ puodelio duonos trupinių
- 1 svogūnas, sutarkuotas
- ½ arbatinio šaukštelio sezono druskos
- ¼ arbatinio šaukštelio pipirų
- 1½ svaro maltos jautienos

**INSTRUKCIJOS:**

a) Kukurūzų krakmolą ir jautienos sultinį sumaišykite mikrobangų krosnelėje tinkamame troškinimo inde.
b) Įmaišykite grybus, Worcestershire padažą ir baziliką.
c) Atskirame dubenyje sumaišykite ir sumaišykite kiaušinį, duonos trupinius, svogūną, druską ir pipirus.
d) Į duonos trupinių mišinį įpilkite maltos jautienos.
e) Maišykite, kol galėsite suformuoti 6 paplotėlius ir sudėkite į mikrobangų krosnelėje tinkamą troškinimo indą.
f) Kepkite pyragus mikrobangų krosnelėje aukštoje temperatūroje 7 minutes arba tol, kol pyragai iškeps.
g) Įpusėjus kepimui apverskite pyragus.

## 46. Lazanija puodelyje

**INGRIDIENTAI:**
- 2 makaronų lazanijos lakštai, paruošti patiekti
- 6 uncijos vandens
- 1 arbatinis šaukštelis alyvuogių aliejaus arba kepimo purškalo
- 3 šaukštai Picos padažo
- 4 šaukštai Ricotta arba varškės
- 3 šaukštai špinatų
- 1 valgomasis šaukštas Čedaro sūrio
- 2 šaukštai virtos dešros

**INSTRUKCIJOS:**
a) Sulaužykite lazanijos lakštus ir tinkamai įdėkite juos į puodelį.
b) Apipurkškite alyvuogių aliejumi, išvengia prilipimo.
c) Lazaniją užpilkite vandeniu.
d) Kepkite 4 minutes mikrobangų krosnelėje arba kol makaronai atrodys minkšti.
e) Nuimkite vandenį ir atidėkite makaronus į šalį.
f) Į tą patį puodelį įpilkite picos padažo ir šiek tiek makaronų.
g) Į sluoksnius sudėkite špinatus, rikotą ir dešrą.
h) Ant viršaus pabarstykite čederio sūrį.
i) Tęskite sluoksnius, pradėdami nuo makaronų.
j) Įdėkite į mikrobangų krosnelę ir uždenkite mikrobangų krosnelei tinkamu dangteliu.
k) Kepkite mikrobangų krosnelėje 3 minutes.
l) Leiskite atvėsti 2 minutes ir mėgaukitės.

## 47. Pesto makaronai

**INGRIDIENTAI:**
- 225 g džiovintų makaronų gabalėlių
- 1 puodelis tarkuoto sūrio
- 6 vyšniniai pomidorai, perpjauti per pusę

**PESTO**
- 1 ryšelis šviežio baziliko
- ¼ puodelio pušies riešutų
- ½ puodelio šviežiai tarkuoto parmezano sūrio
- 40 ml aukščiausios kokybės pirmojo spaudimo alyvuogių aliejaus
- Žiupsnelis druskos

**INSTRUKCIJOS:**
a) Norėdami virti makaronus, į mikrobangų krosnelės dubenį įdėkite 225 g makaronų suktukų.
b) Užpilkite 1 l verdančio vandens. Įpilkite 15 ml aliejaus ir maistinių dažų, tada uždenkite.
c) Virkite 1000 W 8-10 minučių, iki pusės maišydami. Arba galite naudoti likusius virtus makaronus.
d) Tuo tarpu, kad paruoštumėte pesto, sumaišykite visus ingredientus virtuviniu kombainu. Apdorokite, kol gausite pastos konsistenciją. Užšaldykite likusį pesto.
e) Kvadratiniame, mikrobangų krosnelėje tinkamame, negiliame stikliniame inde sumaišykite išvirtus makaronus ir ¼ puodelio pesto, pabarstykite ant ½ puodelio tarkuoto sūrio ir vyšninių pomidorų.
f) Naudokite mikrobangų funkciją, kad keptumėte 4 minutes arba tol, kol sūris išsilydys.
g) Išimkite iš mikrobangų krosnelės ir leiskite šiek tiek atvėsti prieš patiekdami su kai kuriomis daržovėmis ir pjaustytais vaisiais.

## 48. Lipni vištiena

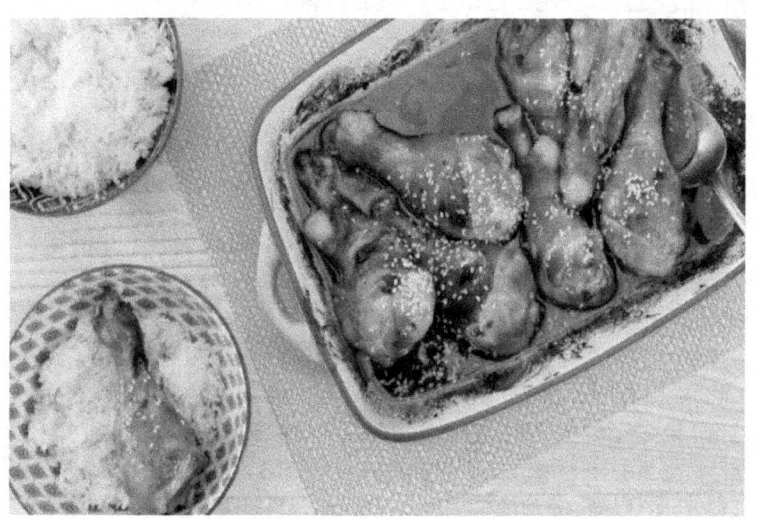

**INGRIDIENTAI:**
- 1 valgomasis šaukštas alyvuogių aliejaus
- 2 šaukštai sojos padažo su sumažintu druskos kiekiu
- 1 valgomasis šaukštas gryno klevų sirupo
- ¼ puodelio medaus
- 750 g vištienos blauzdelių

**INSTRUKCIJOS:**

a) Marinatui paruošti sumaišykite alyvuogių aliejų, sojų padažą, klevų sirupą ir medų.

b) Įdėkite vištieną į negilų stiklinį mikrobangų krosnelėje atsparų indą ir užpilkite marinatu.

c) Sumaišykite ir, jei turite laiko, padėkite į šaldytuvą bent 1 valandai.

d) Padėkite stiklinį indą ant emaliuoto padėklo ir kepkite 30 minučių, pasukite ties 15 minučių žyma, kad gautumėte auksinės rudos spalvos lipnią konsistenciją.

e) Išimkite iš mikrobangų krosnelės ir leiskite šiek tiek atvėsti prieš patiekdami su kai kuriomis daržovėmis ir pjaustytais vaisiais.

**49. Kiaušiniuose kepti ryžiai puodelyje**

Padaro: 1 porcija

**INGRIDIENTAI:**
- 1 puodelis virtų jazminų ryžių
- 2 šaukštai šaldytų žirnelių
- 2 šaukštai kapotų raudonųjų pipirų
- ½ stiebo žalio svogūno, supjaustyto
- 1 žiupsnelis mung pupelių daigų
- 1 žiupsnelis susmulkintų purpurinių kopūstų
- 1 kiaušinis
- 1 valgomasis šaukštas mažai natrio turinčio sojos padažo
- ½ arbatinio šaukštelio sezamo aliejaus
- ½ arbatinio šaukštelio svogūnų miltelių
- ¼ arbatinio šaukštelio penkių prieskonių miltelių

**INSTRUKCIJOS:**
a) Įdėkite ryžius į puodelį.
b) Ant viršaus sudėkite žirnius, raudonąją papriką, žaliąjį svogūną, mung pupelių daigus ir kopūstą.
c) Puodelį uždenkite maistine plėvele.
d) Naudodami peilį, pradurkite skylutes per plėvelę.
e) Mikrobangų krosnelėje aukšta temperatūra 1 minutę 15 sekundžių.
f) Tuo tarpu įmuškite kiaušinį ir sumaišykite su sojų padažu, sezamų aliejumi, svogūnų milteliais ir penkių prieskonių milteliais.
g) Į puodelį supilkite kiaušinių mišinį ir sumaišykite su daržovėmis bei ryžiais
h) Vėl uždenkite puodelį maistine plėvele ir kaitinkite mikrobangų krosnelėje nuo 1 minutės 15 sekundžių iki 1 minutės 30 sekundžlų.
i) Išimkite puodelį iš mikrobangų krosnelės ir viską gerai išmaišykite.
j) Leiskite keptiems ryžiams minutę pastovėti, kad baigtų virti.
k) Šakute supurtykite ryžius ir patiekite.

## 50. Vištienos parmezanas

Išeiga: 4 porcijos
Ingredientas
- 4 Vištienos krūtinėlės pusės, nuluptos, be kaulų
- 1 Kiaušinis
- ½ puodelio tarkuoto parmezano sūrio
- ⅓ puodelio džiovintų duonos trupinių, pagardinti
- Raudonėlis, Paprika, Druska
- 1 didelis svogūnas, stambiai pjaustytas
- 1 skiltelė česnako, susmulkinta
- 1 (15 uncijų) skardinė pomidorų
- ½ puodelio alyvuogių, be kauliukų, sunokusių, supjaustytų
- ⅓ puodelio baziliko lapelių
- 3 šaukštai Sviesto

Pyrago lėkštėje pakaitinkite 2 šaukštus sviesto 45 sekundes arba kol ištirps. Šiek tiek atvėsinkite; įmušti kiaušinį. Ant vaškuoto popieriaus sumaišykite parmezano sūrį, duonos trupinius, raudonėlį ir papriką.

Kotletus pamerkite į sviesto mišinį, tada aptepkite trupiniais. 9x13 colių kepimo formoje kepkite kotletus, padengtus vaškiniu popieriumi, 6–8 minutes, perdėliodami įpusėjus kepimui. Leiskite pastovėti 5 minutes.

Tuo tarpu 1½ litro dubenyje kepkite svogūną, česnaką ir 1 šaukštą sviesto 4 minutes, vieną kartą pamaišydami. Įpilkite pomidorų su ½ puodelio pomidorų skysčio, alyvuogių, baziliko ir druskos. Virkite aukštoje temperatūroje 2–3 minutes.

## 51. Keptas kumpis ir obuoliai

Išeiga: 6 porcijos
Ingredientas
- 3 puodeliai kumpio; virti ir supjaustyti kubeliais
- Po 3 kepimo obuolius
- ½ stiklinės rudojo cukraus; tvirtai supakuotas
- 2 šaukštai universalių miltų
- 2 šaukštai citrinos sulčių
- 1 valgomasis šaukštas paruoštų garstyčių
- 1 arbatinis šaukštelis tarkuotos apelsino žievelės
- 1 valgomasis šaukštas petražolių; pjaustytų, šviežių

Sumaišykite pirmuosius 7 ingredientus; gerai išmaišant. Supilkite mišinį į 2 litrų puodą ir uždenkite tvirta plastikine plėvele
Mikrobangų krosnelėje 7–9 minutes arba kol obuoliai suminkštės, maišydami mišinį po 4 minučių. Ant viršaus pabarstykite petražolėmis.

## 52. Pupelės su skirtumu

Išeiga: 1 porcija
Ingredientas
- 2 puodeliai virtų šparaginių pupelių
- 2 šaukštai grietinės
- 2 šaukštai grietinėlės sūrio
- ¼ arbatinio šaukštelio kario miltelių
- 2 laiškiniai svogūnai (arba laiškiniai česnakai)
- ¼ arbatinio šaukštelio druskos

Sumaišykite visus ingredientus, išskyrus pupeles. Įdėkite į stiklinį indą. Šildykite HIGH 30-40 sekundžių. Supilkite ant pupelių, jei norite, įmaišykite.
Jei gaminate įprastai, kaitinkite ant labai mažos ugnies.

## 53. Jautiena Bourguignonne

Išeiga: 8 porcijos
Ingredientas
- 2 svarai jautienos griebtuvas be kaulų
- ¼ puodelio nebalintų universalių miltų
- 1⅓ puodelio griežinėliais pjaustytų morkų
- 14½ uncijos pomidorų
- 1 Med. lauro lapas
- 1 Vokų sriubos mišinys
- ½ puodelio Raudonojo vyno
- 8 uncijos grybų
- 8 uncijos Vidutiniai arba platūs kiaušinių makaronai

2 litrų troškintuve jautieną apibarstykite miltais, tada kepkite neuždengtą 20 minučių. Sudėkite morkas, pomidorus ir lauro lapą, tada įpilkite riebios svogūnų sriubos mišinio, sumaišyto su vynu. Kepkite uždengę 1½ valandos arba tol, kol jautiena suminkštės. Sudėkite grybus ir kepkite dar 10 minučių. Išimkite lauro lapą.
Tuo tarpu išvirkite makaronus pagal pakuotės nurodymus.

## 54. Juodieji žirneliai mikrobangų krosnelėje

Išeiga: 4 porcijos
Ingredientas
- 1 pakelis (10 uncijų) šaldytų žirnelių
- ¼ puodelio vandens
- Šoninės lašinukai; sviesto arba kumpio

Sudėkite visus ingredientus į 1 litrą troškintuvą. Kepkite mikrobangų krosnelėje 10-11 minučių.

## 55. Brokoliais įdaryta vištiena

Išeiga: 4 porcijos
Ingredientas
- 1 pakelio šaldytų kapotų brokolių; coo
- 2 Žalieji svogūnai; malta
- 4 uncijos Monterey Jack sūrio
- 3 didelės visos vištienos krūtinėlės
- 3 griežinėliai (1 oz.) virto kumpio; perpjauti pusiau
- 1 puodelis šviežių duonos trupinių
- 1 valgomasis šaukštas petražolių
- ½ arbatinio šaukštelio paprikos
- 3 šaukštų margarino; ištirpo
- 1 valgomasis šaukštas Miltų
- ¼ arbatinio šaukštelio druskos
- ⅛ arbatinio šaukštelio pipirų
- 1 puodelis Pieno

Kiekvieną vištienos krūtinėlę susmulkinkite iki ¼ colio ir ant kiekvienos uždėkite 1 gabalėlį kumpio ir vienodo kiekio brokolių mišinio.

Pyrago lėkštėje arba ant vaškuoto popieriaus sumaišykite duonos trupinius, petražoles ir papriką.

Vištieną aptepkite margarinu, naudodami apie 1 valgomąjį šaukštą. Vištieną aptepkite prieskoniais duonos trupiniais.

Į 9x13 colių kepimo indą sudėkite vištieną. Virkite laisvai uždengtą vaškuotu popieriumi dideliu 100 % galingumu 10–12 minučių.

Šaukštu padažo aplink vištieną

## 56. Briuselio kopūstai su migdolais

Išeiga: 4 porcijos
Ingredientas
- 1 svaras šaldytų Briuselio kopūstų
- 3 šaukštai pjaustytų migdolų
- ¼ puodelio sviesto
- 2 šaukštai šviežių citrinų sulčių
- Druskos ir pipirų
- 1 arbatinis šaukštelis Citrinų sultys
- ½ arbatinio šaukštelio tarkuotos citrinos žievelės
- 1 žiupsnelis kvapiųjų pipirų

Sušaldytus daigus sudėkite į troškinimo indą su ¼ puodelio vandens. Uždenkite ir mikrobangų krosnelėje HIGH 10 minučių.

Supjaustytus migdolus paskleiskite ant lėkštės ir mikrobangų krosnelėje 3–4 minutes HIGH režimu, kepimo metu vieną ar du kartus apversdami, kol taps auksinės rudos spalvos.

Įdėkite sviestą į dubenį ir ištirpinkite mikrobangų krosnelėje 1-1½ minutės ant HIGH. Įpilkite citrinos sulčių. Pagardinkite druska ir pipirais.

Nusausinkite daigus. Sudėkite į daržovių indą ir užpilkite citrinų sviestu; gerai išmaišykite. Pabarstykite pjaustytais migdolais ir patiekite karštus.

## 57. Vištiena su grybais

Išeiga: 5 porcijos
Ingredientas
- 3 šaukštai universalių miltų
- ½ arbatinio šaukštelio druskos
- ¼ arbatinio šaukštelio pipirų
- 4 Vištienos krūtinėlė be kaulų
- 2 šaukštai nesūdyto sviesto, padalinti
- 1 valgomasis šaukštas Augalinis aliejus
- 6 uncijos Švieži grybai, supjaustyti
- ¼ puodelio Marsala vyno
- ¼ puodelio jautienos sultinio
- 2 arbatiniai šaukšteliai kukurūzų krakmolo

Ant vaškuoto popieriaus lapo sumaišykite miltus, druską ir pipirus. Vištieną įberkite į miltų mišinį, kad gerai pasidengtų. Didelėje, sunkioje keptuvėje ant vidutinės ugnies įkaitinkite 1 valgomąjį šaukštą sviesto ir augalinio aliejaus. Sudėkite vištieną ir apkepkite iš abiejų pusių.

Pakepinkite grybus ir įpilkite Marsala vyno.

Įdėkite vištieną į mikrobangų krosnelės kepimo indą. Viską užpilkite grybų-vyno mišiniu. Virkite 6–8 minutes

Nedideliame dubenyje išplakite sultinį ir kukurūzų krakmolą iki vientisos masės. Įmaišykite į kepimo indo skystį. Mikrovirkite neuždengę 100 % galios 2–3 minutes

## 58. Kuskuso mikrobangų krosnelė

Išeiga: 1 porcija
Ingredientas
- 1 puodelis kuskuso
- ¼ arbatinio šaukštelio kvapiųjų pipirų – neprivaloma
- 1 valgomasis šaukštas alyvuogių aliejaus
- 1½ stiklinės vandens
- ¼ arbatinio šaukštelio Pipirai – šviežiai malti

Kuskusą ir aliejų sumaišykite 2 litrų mikrobangų krosnelėje atspariame puode ir maišykite, kol visi grūdai bus gerai padengti. Tai neleidžia jiems sulipti. Jei norite, įmaišykite pipirų ir kvapiųjų pipirų.

Mikrobangų krosnelė, neuždengta aukšta temperatūra i minutes Gerai išmaišykite. Supilkite vandenį ir išmaišykite.

Mikrobangų krosnelė, neuždengta, aukšta, kol vanduo susigers ir grūdai suminkštės, 2–3 min.

## 59. Spanguolių apelsinų avienos kotletai

Išeiga: 4 porcijos
Ingredientas
- 4 Avienos nugarinės gabalėliai, supjaustyti
- 1-1/2 colio
- Tirštas Browning padažas
- ½ stiklinės susmulkinto svogūno
- 1 puodelis Apelsinų sulčių
- 1 puodelis šviežių arba šaldytų spanguolių
- ½ stiklinės cukraus
- 1 valgomasis šaukštas Miltų
- 1 valgomasis šaukštas Dižono garstyčių
- 1 arbatinis šaukštelis tarkuotos apelsino žievelės
- ½ arbatinio šaukštelio kvapiųjų pipirų

Į 9 colių negilų apvalų indą sudėkite ėrieną; aptepkite skrudinimo padažu ir ant viršaus uždėkite svogūnus. Virkite ant vidutinės 70 % galios mikrobangų krosnelėje 12 minučių, vieną kartą apversdami. Nusausinkite. Likusius ingredientus sudėkite į didelį stiklinį matavimo puodelį. Kepkite ant didelio galingumo mikrobangų krosnelėje 6 minutes arba kol užvirs, du kartus pamaišant. Užpilkite padažu ant avienos. Šiuo metu gali užšalti
Virti; virkite ant vidutinės galios 5 minutes

## 60. Šilti žemės riešutų makaronai

- Nelipnus virimo purškalas
- 2 Vš. kreminis žemės riešutų sviestas
- 1 Valg. nepagardintas ryžių actas
- 1 šaukštelis. Sezamų aliejus
- 1 šaukštelis. mažai natrio turintis sojos padažas
- 1 šaukštelis. medus
- 2 arb. plonais griežinėliais pjaustytų laiškinių svogūnų
- ⅛ šaukštelio. tarkuoto šviežio imbiero
- 1½ puodelio supakuotos virtos pilno grūdo fettuccini arba linguini
- 1 Valg. skrudintų žemės riešutų, smulkiai pjaustytų

Purškite 12 uncijų vidų. puodelis su virimo purkštuvu.

Į puodelį įpilkite žemės riešutų sviesto, acto, aliejaus, sojų padažo, medaus, pusę svogūnų svogūnų ir imbiero ir gerai išmaišykite.

Uždenkite ir kepkite mikrobangų krosnelėje iki vientisos masės, apie 30 sekundžių; maišykite. Sumaišykite makaronus, uždenkite ir mikrobangų krosnelėje, kol sušils, maždaug dar minutę.

Ant viršaus uždėkite likusius laiškinius svogūnus ir žemės riešutus.

## 61. Polenta lazanija

- Nelipnus virimo purškalas
- 1 puodelis aukštos kokybės marinara padažo
- Maždaug ½ vamzdelio išvirti polenta, supjaustyta į tris ½ colio storio apskritimus
- 3 Valg. plius 1 arb. tarkuoto mocarelos sūrio

Purškite 16 uncijų vidų. puodelis su virimo purkštuvu.

Į puodelio dugną įpilkite ¼ puodelio padažo, tada įdėkite vieną polentą, tada 1 valgomąjį šaukštą. sūrio. Pakartokite sluoksniavimą dar du kartus. Įpilkite likusį ¼ puodelio padažo, tada likusį 1 šaukštelį. sūrio.

Uždenkite ir virkite, kol įkaista, apie 3 minutes.

## 62. Apleistas Džo su kiauliena

- 1 puodelis virtos maltos kiaulienos
- 3 Valg. kečupas
- 2 Vš. plonais griežinėliais pjaustytų laiškinių svogūnų
- 1 Valg. geltonos garstyčios
- ⅛ šaukštelio. košerinė druska
- 1 pilno grūdo mėsainio bandelė, skrudinta

Mažame dubenyje sumaišykite kiaulieną, kečupą, svogūnus, garstyčias ir druską; supilkite į 16 uncijų. bokalas.
Uždenkite ir įkaitinkite mikrobangų krosnelėje, kol įkais, apie 2 minutes. Šaukštu uždėkite ant apatinės skrudintos bandelės pusės, tada uždenkite viršutine dalimi.

## 63. Vištiena "Potpie"

- ½ puodelio susmulkintos kepsninės arba vištienos kepsnys (pašalinta oda)
- ½ puodelio šaldytų daržovių mišinių (pvz., žirnių ir morkų), atšildytų ir nusausintų
- 2 Vš. tarkuoto Čedaro sūrio
- 3 Valg. pieno
- 1 Valg. smulkiai pjaustytų šviežių krapų
- ¼ šaukštelio. košerinė druska
- 4 malti juodieji pipirai
- ½ biskvito, palikto nepažeisto arba sutrupėjusio
- ⅛ šaukštelio. paprika

Nedideliame dubenyje sumaišykite vištieną, daržoves, sūrį, 2 valg. pieno, krapų, druskos ir pipirų. Supilkite į 16 uncijų. puodelį ir supakuokite. Ant viršaus uždėkite biskvitą, tada apšlakstykite likusį 1 valg. pieno ir pabarstykite paprika.

Uždenkite ir kaitinkite mikrobangų krosnelėje, kol „potpie" įkais, apie 3 minutes.

## 64. Vištiena ir spagečiai

- Nelipnus virimo purškalas
- ½ puodelio susmulkintos kepsninės arba vištienos kepsnys (pašalinta oda)
- ½ puodelio virtų pilno grūdo spagečių
- ¼ puodelio marinara padažo
- ¼ puodelio susmulkinto mocarelos sūrio
- ¼ šaukštelio. džiovintas raudonėlis
- ⅛ šaukštelio. košerinė druska

Purškite 12 uncijų vidų. puodelis su virimo purkštuvu.

Mažame dubenyje sumaišykite visus ingredientus, tada supilkite į puodelį.

Uždenkite ir įkaitinkite mikrobangų krosnelėje, kol įkais, apie 2 minutes.

## 65. Makaronai su čederiu

- ¼ puodelio pieno, geriausia 2% arba nenugriebto
- ½ puodelio susmulkinto Čedaro sūrio
- 1 Valg. nesūdytas sviestas
- ⅛ šaukštelio. košerinė druska
- 1 puodelis virtų pilno grūdo alkūninių makaronų

12 uncijų. puodelį, mikrobangų krosnelėje pieną, kol jis įkais, apie 30 sekundžių. Nedelsdami įmaišykite sūrį, sviestą ir druską, kol susidarys gana vientisa masė. Įmaišykite makaronus.

Uždenkite ir kaitinkite mikrobangų krosnelėje, kol sūris išsilydys, o makaronai sušils, 2–3 minutes. Dar kartą išmaišykite.

## 66. Tuno makaronų troškinys

- ½ puodelio virtų pilno grūdo alkūninių makaronų
- 3 Valg. susmulkinto čederio arba šveicariško sūrio
- 3 Valg. pieno
- 2 Vš. plonais griežinėliais pjaustytų laiškinių svogūnų
- ½ šaukštelio. Dižono garstyčios
- ⅛ šaukštelio. košerinė druska
- 3 malti juodieji pipirai
- 1 Valg. paprasti pilno grūdo džiūvėsėliai
- 1 šaukštelis. alyvuogių aliejus

Nedideliame dubenyje sumaišykite tuną, makaronus, sūrį, pieną, laiškinius svogūnus, garstyčias, druską ir pipirus, susmulkinkite tuną šakute. Supilkite į 12 uncijų. bokalas.

Uždenkite ir kepkite mikrobangų krosnelėje, kol sūris išsilydys, maždaug 2 minutes.

Nedideliame dubenyje sumaišykite džiūvėsėlius ir aliejų. Pabarstykite ant viršaus.

## 67. Pastitsio

- Nelipnus virimo purškalas
- ¾ puodelio virtų pilno grūdo alkūninių makaronų
- ½ puodelio virtos maltos jautienos
- ¼ puodelio susmulkintos mocarelos
- 3 Valg. pomidorų pasta
- 2 Vš. vištienos sultinys
- ⅛ šaukštelio. džiovintų čiobrelių
- ⅛ šaukštelio. malto cinamono
- Suberti ⅛ arbat. košerinė druska
- 3 malti juodieji pipirai

Purškite 16 uncijų vidų. puodelis su virimo purkštuvu.
Nedideliame dubenyje sumaišykite visus ingredientus ir supilkite į puodelį.
Uždenkite ir kepkite mikrobangų krosnelėje, kol sūris išsilydys, maždaug 2 minutes.

## 68. Kiauliena su kukurūzais ir svogūnais

- 1 puodelis virtos maltos kiaulienos
- ½ puodelio šviežių arba šaldytų, atšildytų ir nusausintų kukurūzų branduolių
- 2 Vš. pomidorų pasta
- 1 Valg. plius 1 arb. plonais griežinėliais pjaustytų laiškinių svogūnų
- 1 šaukštelis. šviežių laimo sulčių
- ¼ šaukštelio. košerinė druska
- ⅛ šaukštelio. maltų kmynų
- ⅛ šaukštelio. Čili milteliai
- 3 malti juodieji pipirai

Nedideliame dubenyje sumaišykite visus ingredientus ir supilkite į 16 uncijų. bokalas.
Uždenkite ir kepkite mikrobangų krosnelėje, kol kukurūzai suminkštės, maždaug 2,5 minutės.

## 69. Aštrūs korėjietiški mėsos kukuliai

- 2 Vš. Korėjietiškas gochujang padažas
- ½ šaukštelio. malto šviežio imbiero
- ½ šaukštelio. šviežių laimo sulčių
- ½ šaukštelio. mažai natrio turintis sojos padažas
- ½ šaukštelio. medus
- 4 šaldyti iš anksto virti mėsos kukuliai (neatšildyti)

Suplakite gochujang padažą, imbierą, laimo sultis, sojos padažą ir medų 12 uncijų. bokalas. Sudėkite kotletus ir išmaišykite, kad susimaišytų.

Uždenkite ir kepkite mikrobangų krosnelėje, kol mėsos kukulių centrai įkais, 3–4 minutes.

## 70. Mėsos kukulis parmezanas

- ¼ puodelio plius 2 šaukštai. marinara padažas
- 3 Valg. tarkuoto mocarelos sūrio
- 1 Valg. smulkiai tarkuoto Parmigiano-Reggiano sūrio
- 4 šaldyti iš anksto virti mėsos kukuliai (neatšildyti)
- 1 Hoagie vyniotinis, padalintas ir paskrudintas, arba 1 riekelė

skrudintos itališkos duonos, pvz., čiabatos, patiekimui

Mažame arba vidutiniame dubenyje sumaišykite marinaros padažą, abu sūrius ir kotletus ir supilkite į 12 uncijų. bokalas.

Uždenkite ir kepkite mikrobangų krosnelėje, kol mėsos kukulių centrai įkais, 3–4 minutes. Supilkite ant duonos.

## 71. Aštrus kiniškas tofu

- ½ puodelio šaldytų keptų daržovių (neatšildytų)
- ¼ puodelio daržovių sultinio
- ½ puodelio ½ colio kubeliai ypač kieto tofu, nusausinto
- 1 Valg. plius 1 arb. mažai natrio turintis sojos padažas
- ½ šaukštelio. Sriracha padažas
- ½ šaukštelio. šviežių laimo sulčių
- ½ šaukštelio. medus
- ½ puodelio virtų ryžių, patiekimui

Sudėkite daržoves ir 2 valg. sultinio 12 uncijų. puodelį, uždenkite ir mikrobangų krosnelėje, kol daržovės įkais, 3–4 minutes. 2. Švelniai įmaišykite likusį sultinį, tofu, sojos padažą, Sriracha, laimo sultis ir medų.

Uždenkite ir kepkite mikrobangų krosnelėje, kol tofu įkais, dar maždaug 1,5 minutės. Patiekite ant ryžių.

## 72. Meksikietiška kvinoja su kukurūzais

- ¾ puodelio virtos quinoa
- ¼ puodelio prinokusių pomidorų be šerdies, be sėklų ir kubeliais (apie ½ pomidoro)
- ¼ puodelio ⅓ colio žalių brokolių žiedynų
- ¼ puodelio žalių kukurūzų branduolių (iš 1 mažos ausies)
- 2 Vš. salsa
- 2 Vš. tarkuoto meksikietiško sūrio mišinys
- ⅛ šaukštelio. košerinė druska
- 1 Valg. smulkiai pjaustytų šviežių kalendros lapelių

Mažame arba vidutiniame dubenyje sumaišykite visus ingredientus, tada supilkite į 16 uncijų. bokalas.

Uždenkite ir kepkite mikrobangų krosnelėje, kol brokoliai suminkštės, maždaug 4 minutes.

# SRIUBOS, TROŠKIAI IR ČILI

**73.** <u>Brokolių sūrio sriuba</u>

**INGRIDIENTAI:**
- 10 uncijų pkg. Šaldyti brokoliai
- 2 stiklinės pieno
- ⅓ puodelio miltų
- 1 puodelis vandens
- 2 puodeliai Velveeta sūrio supjaustyti kubeliais
- 1 puodelis pusės ir pusės
- 2 vištienos sultinio kubeliai

**INSTRUKCIJOS:**
a) Pieną, miltus, vandenį, vištienos sultinio kubelius ir pusę sumaišykite mikrobangų krosnelėje tinkamame inde.
b) Suplakti kartu. Įdėkite brokolius ir virkite mikrobangų krosnelėje keletą minučių, dažnai maišydami.
c) Įmaišykite sūrį ir virkite, kol sūris išsilydys ir brokoliai suminkštės.

## 74. Moliūgų-apelsinų sriuba

- ½ puodelio konservuotų moliūgų arba moliūgų tyrės
- ½ puodelio mažai natrio turinčio daržovių arba vištienos sultinio
- ¼ puodelio konservuotų baltųjų pupelių, nuplautų ir nusausintų
- 1 Valg. apelsinų sultys
- ¾ šaukštelio. klevų sirupo arba medaus
- ¼ šaukštelio. maltų šviežių šalavijų lapelių
- ½ šaukštelio. apelsino žievelė
- ⅛ šaukštelio. košerinė druska
- 3 malti juodieji pipirai

Sumaišykite visus ingredientus mažame arba vidutiniame dubenyje, tada supilkite į 16 uncijų. bokalas.
Uždenkite ir mikrobangų krosnelėje, kol įkais, apie 3 minutes.

## 75. Itališka aštri lęšių sriuba

- ¾ puodelio daržovių sultinio
- ¾ puodelio konservuotų mažai natrio turinčių lęšių, nuplautų ir nusausintų
- ¼ puodelio smulkiai tarkuotų morkų
- 1 Valg. pomidorų pasta
- ¼ šaukštelio. džiovintas raudonėlis
- ¼ šaukštelio. košerinė druska
- 1/8 šaukštelio. maltų raudonųjų pipirų dribsnių
- 3 malti juodieji pipirai

Nedideliame dubenyje sumaišykite visus ingredientus ir sutrinkite bulvių trintuvu. Supilkite į 12 uncijų. bokalas.
Uždenkite ir kepkite mikrobangų krosnelėje, kol sriuba bus karšta, maždaug 3 minutes.

## 76. Miso sriuba

- 1 puodelis daržovių arba vištienos sultinio
- Vienas 4 colių džiovintų kombu jūros dumblių gabalas, perlaužtas per pusę
- 1 Valg. bonito (džiovinto tuno) dribsniai
- ¼ puodelio ¼ colio kubeliais supjaustyto tvirto tofu
- 2 arb. balta arba geltona miso
- 1 šaukštelis. plonais griežinėliais pjaustytų svogūnų svogūnų (tik tamsiai žalios dalys)

Sumaišykite sultinį, Kombu ir bonito į 16 uncijų. bokalas.

Uždenkite ir kepkite mikrobangų krosnelėje, kol labai karšta, maždaug 2,5 minutės.

Supilkite į plono tinklelio sietelį, esantį ant mažo dubenėlio, o tada atsargiai supilkite perkoštą sultinį atgal į puodelį.

Į sultinį puodelyje įmaišykite tofu, miso ir laiškinius svogūnus; plakite, kol miso ištirps.

## 77. Jautiena ir pupelės čili

- ½ puodelio konservuotų juodųjų arba pinto pupelių, nuplautų ir nusausintų
- ½ puodelio (apie 3 uncijos) virtos maltos jautienos
- ½ puodelio aukštos kokybės salsos
- 1 šaukštelis. plonais griežinėliais pjaustytų laiškinių svogūnų
- ¼ šaukštelio. košerinė druska
- 1 šaukštelis. smulkiai pjaustytų šviežių kalendros lapelių
- Apie 6 tortilijos traškučius
- 1 šaukštelis. guacamole, patiekimui
- 1 šaukštelis. grietinės, patiekimui

Mažame dubenyje sumaišykite pupeles, maltą jautieną, salsą, laiškinius svogūnus ir druską ir supilkite į 12 uncijų. bokalas.

Uždenkite ir įkaitinkite mikrobangų krosnelėje, kol įkais, apie 2 minutes. 3. Pabarstykite kalendra ir aplink kraštus įdėkite drožlių.

Patiekite su gvakamole ir grietine.

## 78. Makaronų, pupelių ir pomidorų troškinys

- ½ puodelio vištienos sultinio
- ¼ puodelio virtų pilno grūdo alkūninių makaronų
- ¼ puodelio labai plonais griežinėliais pjaustytų šviežių kopūstų lapų (nuimti stiebai)
- ¼ puodelio konservuotų juodųjų pupelių, nuplautų ir nusausintų
- 3 Valg. marinara padažas
- 1 Valg. smulkiai tarkuoto Parmigiano-Reggiano arba parmezano sūrio

Mažame dubenyje sumaišykite sultinį, makaronus, lapinius kopūstus, pupeles ir marinara padažą. Supilkite į 16 uncijų. puodelį ir pabarstykite sūriu.

Uždenkite ir kepkite mikrobangų krosnelėje, kol kopūstai suminkštės, maždaug 3 minutes.

## 79. Moliūgų ir avinžirnių troškinys

- ¾ puodelio mažai natrio turinčio daržovių sultinio
- ½ puodelio konservuotų moliūgų arba moliūgų tyrės
- ½ puodelio konservuotų avinžirnių, nuplauti ir nusausinti
- ¼ puodelio šviežių špinatų lapų, nuplauti ir nusausinti
- 1 šaukštelis. medus
- ⅛ šaukštelio. maltų kmynų
- ⅛ šaukštelio. maltos kalendros
- ⅛ šaukštelio. malto cinamono
- ⅛ šaukštelio. košerinė druska
- Skrudinta kaimiška duona, patiekimui

Nedideliame dubenyje sumaišykite sultinį, moliūgą arba moliūgą, avinžirnius, špinatus, medų, kmynus, kalendrą, cinamoną ir druską, tada supilkite į 16 uncijų. bokalas.

Uždenkite ir įkaitinkite mikrobangų krosnelėje, kol įkais, o špinatai iškeps, 2–3 minutes. Patiekite su duona.

## 80. Tortellini sriuba

Gamina: 4

**INGRIDIENTAI:**
- 1 morka, nulupta ir sutarkuota
- 1 svogūnas, sutarkuotas
- 2 skiltelės česnako, susmulkintos
- 2 šaukštai alyvuogių aliejaus
- 15 uncijų negalima pridėti druskos kubeliais pjaustytų pomidorų
- 15 uncijų skardinė mažai natrio turinčių avinžirnių, nusausintų
- 3 puodeliai sumažinto natrio vištienos sultinio
- 1 9 uncijų pakuotė atšaldytų trijų sūrių tortellini
- 1 arbatinis šaukštelis džiovintų itališkų žolelių mišinio
- 2 puodeliai lengvai supakuotų šviežių kūdikių špinatų
- Skustas parmezano sūris patiekimui

**INSTRUKCIJOS:**
a) Sumaišykite morkas, svogūną, česnaką ir alyvuogių aliejų 3 kv. mikrobangų krosnelei tinkamas dubuo.
b) Mikrobangų krosnelėje, neuždengta, ant stiprios ugnies 3 minutes.
c) Įmaišykite vištienos sultinį, pomidorus, avinžirnius, tortellini ir itališkų žolelių mišinį.
d) Sandariai uždenkite dubenį stikliniu dangteliu arba plastikine plėvele ir virkite 8 minutes aukštoje temperatūroje.
e) Išimkite dubenį iš mikrobangų krosnelės, atsargiai atidenkite ir įmaišykite špinatus.
f) Palikite 1 ar 2 minutes, kad špinatai suvystų.
g) Jei norite, patiekite su parmezano sūriu.

# SALOTOS IR PATIEKALAI

## 81. Gilės skvošas su pušies riešutais

**INGRIDIENTAI:**
- 2 šaukštai nesūdyto sviesto
- 2 šaukštai rudojo cukraus
- 1 arbatinis šaukštelis šalavijų
- 2 gilės moliūgai, supjaustyti
- 2 šaukštai skrudintų pušies riešutų arba migdolų
- druskos ir juodųjų pipirų pagal skonį

**INSTRUKCIJOS:**
a) Mikrobangų krosnelėje tinkamame troškinimo inde ištirpinkite sviestą.
b) Rudąjį cukrų ir šalavijus įmaišykite į sviestą, kol gerai susimaišys.
c) Sudėkite skvošo griežinėlius.
d) Kepkite 5-10 minučių mikrobangų krosnelėje, kol moliūgai suminkštės.
e) Pabarstykite riešutais.

## 82. Garuose virtos žaliosios pupelės

**INGRIDIENTAI:**
- 1 svaras šviežių šparaginių pupelių, apipjaustytų
- 1 puodelis vandens
- 1 arbatinis šaukštelis druskos
- ½ arbatinio šaukštelio pipirų

**INSTRUKCIJOS:**

a) Į mikrobangų krosnelėje tinkamą troškinimo indą supilkite vandenį ir šparagines pupeles.

b) Kepkite 15-18 minučių arba kol suminkštės.

c) Nupilkite vandenį nuo šparaginių pupelių ir pagardinkite druska bei pipirais.

## 83. Brokoliai mikrobangų krosnelėje

**INGRIDIENTAI:**
- 1 svaras brokolių
- 1 arbatinis šaukštelis citrinos žievelės, smulkiai tarkuotos
- ¼ arbatinio šaukštelio druskos
- ¼ arbatinio šaukštelio pipirų

**INSTRUKCIJOS:**
a) Brokolius supjaustykite žiedynais ir sudėkite į mikrobangų krosnelėje tinkamą troškinimo indą.
b) Įpilkite ¼ puodelio vandens ir virkite mikrobangų krosnelėje 3–5 minutes.
c) Nupilkite vandenį nuo brokolių ir pagardinkite citrina, druska ir pipirais.
d) Pabarstykite brokolius su ½ puodelio tarkuoto čederio sūrio.
e) Mikrobangų krosnelėje 2 minutes, kol sūris išsilydys.

## 84. Varškės bulvės

Išeiga: 4 porcijos
Ingredientas
- 2 svarai vaškinių bulvių
- 3½ uncijos askaloniniai česnakai; smulkiai supjaustyta
- 3½ uncijos rūkytos dryžuotos šoninės; kubeliais
- Druskos ir pipirų
- ⅔ puodelio pieno
- 1½ arbatinio šaukštelio kario miltelių
- 3 uncijos parmezano sūrio; tarkuotų

Nulupkite bulves ir nuplaukite po dideliu kiekiu šalto tekančiu vandeniu. Sutarkuoti

Askaloninius česnakus ir šoninę sudėkite į ovalų Pyrex indą. Mikrobangų krosnelė, neuždengta, aukšta 3 minutes

Mišinį pabarstykite druska, pipirais ir sudėkite bulves.

Gerai išmaišykite ir užpilkite pienu. Uždenkite ir įkaitinkite mikrobangų krosnelėje 12 minučių. Palikite pastovėti 3 minutes.

Sumaišykite kario miltelius ir parmezano sūrį ir pabarstykite ant bulvių mišinio. Mikrobangų krosnelė, neuždengta, aukšta 2 minutes

## 85. Sūrios svogūninės bulvės

**INGRIDIENTAI:**

- 10 ¾ uncijų skardinės salierų sriubos
- 8 uncijų pakuotė laiškinio česnako ir svogūnų kreminio sūrio
- 2 puodeliai šaldytų bulvių kubeliais
- ½ puodelio čederio sūrio, susmulkinto

**INSTRUKCIJOS:**

a) Mikrobangų krosnelėje tinkamame troškinimo inde sumaišykite sriubą ir grietinėlės sūrį.
b) Mikrobangų krosnelėje 2 minutes arba kol kreminis sūris išsilydys į sriubą.
c) Sudėkite bulves ir sumaišykite, kol gerai apsems.
d) Kepkite 10 minučių mikrobangų krosnelėje arba kol bulvės suminkštės.
e) Pabarstykite čederio sūriu ir virkite dar 2 minutes, kol sūris išsilydys.

## 86. Kvinojos salotos su pesto

- ¾ puodelio virtos quinoa
- ¼ puodelio prinokusių pomidorų be šerdies, be sėklų ir kubeliais (apie ½)
- ¼ puodelio ⅓ colio žalių žiedinių kopūstų žiedynų
- 2 Vš. pesto
- 2 Vš. tarkuoto mocarelos sūrio

Mažame arba vidutiniame dubenyje sumaišykite visus ingredientus, tada supilkite į 16 uncijų. bokalas.
Uždenkite ir kepkite mikrobangų krosnelėje, kol žiedinis kopūstas suminkštės, maždaug 4 minutes.

## 87. Kinijos rudųjų ryžių salotos

- 1 Valg. plonais griežinėliais pjaustytų laiškinių svogūnų
- 2 arb. nepagardintas ryžių actas
- 2 arb. mažai natrio turintis sojos padažas
- 1 šaukštelis. medus
- ⅛ šaukštelio. malto česnako
- ⅛ šaukštelio. tarkuoto šviežio imbiero
- ½ puodelio supakuotų virtų rudųjų ryžių, trumpagrūdžių arba ilgagrūdžių ryžių
- ⅓ puodelio supakuotas šaldytas Edamame, atšildytas
- 2 Vš. smulkiai sutarkuotų nuluptų morkų
- 2 Vš. smulkiais kubeliais supjaustytos raudonosios paprikos

Nedideliame dubenyje sumaišykite svogūnus, ryžių actą, sojos padažą, medų, česnaką ir imbierą, tada įmaišykite likusius ingredientus. Supilkite į 12 uncijų. bokalas.

Uždenkite ir kepkite mikrobangų krosnelėje, kol sušils, maždaug 1 minutę.

# MIKROBANGŲ DESERTAI

## 88. Braziliškas bananas

Pagamina: 1 porcija

**INGRIDIENTAI:**
- 1 bananas
- Rafinuotas cukrus

**INSTRUKCIJOS:**
a) Bananą supjaustykite plonais griežinėliais.
b) Išdėliokite griežinėlius ant mikrobangų krosnelėje tinkamos lėkštės ir pabarstykite cukrumi.
c) Mikrobangų krosnelėje kol cukrus ištirps ir bananas iškeps.
d) Patiekite šiltą.

## 89. Vaikiškas funfetti tortas

Padaro: 12 porcijų

**INGRIDIENTAI:**
- 1 pakuotė Moist Yellow Cake Mix
- 1 pakelis vanilinio tirpaus pudingo mišinio
- 4 Kiaušiniai
- 1 puodelis Vandens
- ½ puodelio Crisco aliejaus
- 1 puodelis Pusiau saldžių mini šokolado drožlių
- 1 puodelis spalvotų mini zefyrų
- ⅔ puodelio šokoladinio sluoksnio pyrago glaisto
- 2 šaukštai Pusiau saldžių mini šokolado drožlių

**INSTRUKCIJOS:**
a) Įkaitinkite orkaitę iki 350 laipsnių pagal Farenheitą.
b) Sviestas ir miltai 13x9x2 colių kepimo skardoje.

**TORTAI PAGAMINTI**
c) Elektriniu plaktuvu išplakite pyrago mišinį, pudingo mišinį, kiaušinius, vandenį ir aliejų
d) Įmaišykite mikro šokolado drožles ir viską supilkite į keptuvę.
e) Kepkite 45 minutes 350 laipsnių F temperatūroje.

**DĖL TOPATO**
f) Karštą pyragą iškart tolygiai pabarstykite zefyrais. Mikrobangų krosnelei tinkamą dubenį iki pusės pripildykite glaistu.
g) Mikrobangų krosnelėje 25-30 sekundžių HIGH.
h) Maišykite, kol mišinys taps visiškai vientisas.
i) Tolygiai aptepkite zefyrus ir pyragą.
j) Ant viršaus uždėkite 2 šaukštus šokolado drožlių.
k) Leiskite visiškai atvėsti.

**90. Mikrobangų pyragaičiai**

Padaro: 16 porcijų

**INGRIDIENTAI:**
- 4 uncijos sviesto arba margarino
- 1 stiklinė granuliuoto cukraus
- 2 Kiaušiniai
- 1 arbatinis šaukštelis vanilės ekstrakto
- ½ puodelio nesaldintos kakavos miltelių
- ⅔ puodelio miltų
- 1 puodelis pekano riešutų; susmulkinti
- Cukraus pudra

**INSTRUKCIJOS:**
a) Dubenyje elektriniu plaktuvu išplakite sviestą, cukrų, kiaušinius ir vanilę iki šviesios ir purios masės 1–2 minutes.
b) Įmuškite kakavą. Suberkite miltus ir plakite, kol gerai susimaišys. Rankomis įmaišykite pekano riešutą. Tolygiai paskirstykite vaškiniu popieriumi išklotame 8 colių kvadratiniame stikliniame inde.
c) Virkite mikrobangų krosnelėje aukštoje temperatūroje 3 minutes.
d) Apverskite indą ketvirtadaliu apsisukimo ir kepkite 2½–3 minutes ilgiau. Leiskite atvėsti.
e) Ant viršaus išsijokite cukraus pudrą.

## 91. Cinamoniniai obuolių žiedai

Padaro: 6 porcijos

**INGRIDIENTAI:**
- 3 šaukštai sviesto arba margarino
- 2 šaukštai citrinos sulčių
- 2 šaukštai Medaus
- ¼ arbatinio šaukštelio malto cinamono
- 4 virti obuoliai; nenulupti, ištraukti šerdį ir supjaustyti žiedais

**INSTRUKCIJOS:**
a) Į kepimo indą sudėkite sviestą.
b) Mikrobangų krosnelėje 50 sekundžių arba kol sviestasištirps.
c) Įmaišykite citrinos sultis, medų ir cinamoną.
d) Į sviesto mišinį sudėkite obuolių skilteles, apversdami, kad apsemtų abi puses.
e) Uždenkite tvirta plastikine plėvele.
f) Mikrobangų krosnelėje HIGH 5–6 minutes arba tol, kol obuoliai suminkštės, o po 2 minučių patiekalas pasikeis.
g) Prieš patiekdami leiskite pastovėti 2 minutes.

## 92. **Rocky Road Bites**

Markė: 24

**INGRIDIENTAI:**
- 350 g šokolado drožlių
- 30 g sviesto
- 397 g skardos kondensuoto saldinto pieno
- 365 g sausai skrudintų žemės riešutų
- 500 g baltų zefyrų, susmulkintų

**INSTRUKCIJOS:**
a) Išklokite 9x13 colių skardą riebalams atspariu popieriumi.
b) Mikrobangų krosnelėje tinkamame dubenyje sumaišykite šokoladą ir sviestą, kol ištirps.
c) Retkarčiais pamaišykite, kol šokoladas taps vientisas. Įmaišykite kondensuotą pieną.
d) Sumaišykite žemės riešutus ir zefyrus; įmaišykite į šokolado mišinį.
e) Supilkite į paruoštą skardą ir atvėsinkite, kol sutvirtės. Supjaustykite kvadratėliais.

## 93. Keptų saldainių obuolių staigmena

**INGRIDIENTAI:**

- 4 raudoni skanūs obuoliai, iki pusės nulupti ir nulupti
- ⅓ žemyn nuo 16 raudonų karštų saldainių gabalėlių
- 8 miniatiūriniai zefyrai

**INSTRUKCIJOS:**
a) Įdėkite obuolius į mikrobangų krosnelėje tinkamą troškintuvą.
b) Į kiekvieno obuolio centrą įdėkite saldainį, tada po zefyrą.
c) Uždenkite indą plastikine plėvele arba vaškuotu popieriumi.
d) Mikrobangų krosnelėje 7 minutes.
e) Įdėkite kitą saldainių ir zefyrų sluoksnį.
f) Uždenkite ir vėl virkite 5 minutes.

## 94. Skanūs obuolių traškučiai

**INGRIDIENTAI:**
- 1 skardinė obuolių pyrago įdaro
- 2 šaukštai rudojo cukraus
- ¼ puodelio greitai paruošiamų avižų
- 2 šaukštai sviesto
- ½ arbatinio šaukštelio cinamono
- ¼ puodelio Bisquick mišinio
- Vaškinis popierius

**INSTRUKCIJOS:**
a)  Į kiekvieną indą supilkite pusę puodelio pyrago įdaro.
b)  Atskirame dubenyje sumaišykite savo Bisquick, virimo avižas, cinamoną, sviestą ir rudąjį cukrų, maišydami šaukštu arba šakute, kol masė taps gumuli.
c)  Šį mišinį tolygiai paskirstykite tarp obuolių įdaro dubenėlių.
d)  Leiskite šiam traškiam mišiniui likti ant obuolių viršaus.
e)  Dubenėlius uždenkite vaško popieriumi ir kiekvieną dubenį atskirai pašildykite mikrobangų krosnelėje 4 minutes.
f)  Prieš patiekdami palaikykite 10 minučių, kad sustingtų ir atvėsinkite.

## 95. Mini šokoladinis pyragas

**INGRIDIENTAI:**
- 4 valgomieji šaukštai universalių miltų
- 4 šaukštai cukraus
- 2 valgomieji šaukštai nesaldintos kakavos
- 1 kiaušinis
- 3 šaukštai pieno
- 3 šaukštai augalinio aliejaus
- sauja šokolado drožlių

**INSTRUKCIJOS:**
a) Apipurkškite mikrobangų krosnelei tinkamą puodelį virimo purškikliu.
b) Į kavos puodelį įpilkite miltų, cukraus ir kakavos. Gerai išmaišykite.
c) Įpilkite pieno, aliejaus ir 1 kiaušinį. Ant viršaus pabarstykite šokolado drožlėmis.
d) Švelniai maišykite, kol gerai susimaišys.
e) Įdėkite į mikrobangų krosnelę ir kepkite 3 minutes
f) Patiekite su kaušeliu ledų ir pabarstykite šokolado drožlėmis.

## 96. Dvigubo šokoladinio puodelio pyragas

**INGRIDIENTAI:**
- 2 šaukštai aliejaus ir šiek tiek papildomo
- 2 šaukštai cukraus
- 1 kiaušinis
- 2 šaukštai savaime kylančių miltų
- 1 arbatinis šaukštelis kakavos
- 2 šaukštai šokolado drožlių ir keli papildomi patiekimui
- Patiekimui grietinėlės arba ledų ir cukraus pudros

**INSTRUKCIJOS:**
a) Ištepkite mikrobangų krosnelei atsparų puodelį trupučiu aliejaus.
b) Įmuškite kiaušinį į puodelį.
c) Įpilkite aliejaus ir cukraus.
d) Išmaišykite šakute iki vientisos masės.
e) Suberkite miltus ir kakavą ir vėl išmaišykite iki vientisos masės.
f) Į puodelį ant mišinio sudėkite šokolado drožles.
g) Mikrobangų krosnelėje aukšta temperatūra vieną minutę.
h) Stebėkite, kaip jūsų pyragas kyla į puodelio viršų.
i) Atsargiai išimkite iš orkaitės.
j) Patiekdami apibarstykite trupučiu cukraus pudros, ledų ir dar keletą šokolado drožlių.

## 97. Cukraus sausainių puodelio pyragas

INGRIDIENTAI:
- 2 valgomieji šaukštai kiaušinių pakaitalo
- 2 valgomieji šaukštai sviesto, suminkštinto
- ⅓ puodelio miltų
- 3 šaukštai cukraus
- 1 arbatinis šaukštelis vanilės
- 3 valgomieji šaukštai pusantro arba pieno
- 2 valgomieji šaukštai vaivorykštės pabarstukų
- 1 puodelis cukraus pudros
- 2-3 lašai rožinių arba raudonų maistinių dažų

INSTRUKCIJOS:
a) Dubenyje sumaišykite kiaušinių pakaitalą, sviestą, miltus, cukrų, vanilę, 2 valgomuosius šaukštus pusantro ir 1 valgomąjį šaukštą vaivorykštės pabarstukų.
b) Įdėkite į papildomą puodelį.
c) Kepkite mikrobangų krosnelėje 60 sekundžių, nuvalykite tešlą, kuri burbuliavo per kraštą, tada grįžkite į mikrobangų krosnelę dar 30 sekundžių.
d) Išimkite pyragą ir padėkite į šaldytuvą.
e) Kol jis vėsta, sumaišykite cukraus pudrą, 1 valgomąjį šaukštą pusę ir pusę bei maistinius dažus.
f) Aptepkite šiek tiek šiltą pyragą.

## 98. Moliūgų angliškos bandelės

Pagamina: 1 PORKTAVIMAS

**INGRIDIENTAI:**
- ¼ puodelio anakardžių arba migdolų miltų
- 1 valgomasis šaukštas kokosų miltų
- ¼ arbatinio šaukštelio kepimo sodos
- ¼ arbatinio šaukštelio moliūgų pyrago prieskonių
- žiupsnelis košerinės druskos
- 1 kiaušinis
- 2 šaukštai moliūgų tyrės
- 2 šaukštai nesaldinto migdolų pieno

**INSTRUKCIJOS:**
a) Dubenyje sumaišykite miltus, soda, prieskonius ir druską.
b) Įdėkite kiaušinį, moliūgą ir pieną ir maišykite, kol gerai susimaišys.
c) Kepimo purkštuvu patepkite ramekiną.
d) Tešlą perkelkite į kepimo formą, išlyginkite viršų ir kepkite mikrobangų krosnelėje apie 2 minutes, kol išsipūs ir sustings centras.
e) Išimkite iš keptuvės, perpjaukite per pusę ir paskrudinkite.

## 99. Čederio ir žolelių biskvitas

Gamina: 1

**INGRIDIENTAI:**
- 4 šaukštai universalių miltų
- ½ arbatinio šaukštelio kepimo miltelių
- ⅛ arbatinio šaukštelio druskos
- ½ šaukšto šalto sviesto
- 3½ šaukšto pieno
- 2 šaukštai čederio sūrio, tarkuoto
- 2 arbatinius šaukštelius susmulkintų žolelių

**INSTRUKCIJOS:**
a) Mikrobangų krosnelėje tinkančiame puodelyje sumaišykite miltus, kepimo miltelius ir druską.
b) Šakute įtrinkite kubeliais supjaustytą sviestą į sausus ingredientus.
c) Maišykite pieną, sūrį ir žoleles, kol masė taps vienalytė.
d) Mikrobangų krosnelėje maždaug 1 minutę.

## 100. Spagečių pyragas

Padaro: 4 porcijos

**INGRIDIENTAI:**
- 8 uncijos Švelnios arba karštos itališkos dešrelės
- 2 puodeliai pjaustytų grybų
- 1 svogūnas, susmulkintas
- 1 skiltelė česnako, smulkiai pjaustyta
- 1½ arbatinio šaukštelio džiovinto raudonėlio
- 2 puodeliai Pomidorų makaronų padažo
- 2 puodeliai brokolių žiedynų
- 3 puodeliai virtų spagečių ar kitų makaronų / 6 uncijos nevirtų
- 1½ puodelio susmulkinto nugriebto mocarelos sūrio

**INSTRUKCIJOS:**
a) Įkaitinkite orkaitę iki 350 laipsnių pagal Farenheitą.
b) Kepkite dešros mėsą keptuvėje ant vidutinės-stiprios ugnies 4 minutes, sulaužydami ją mediniu šaukštu, arba tol, kol ji nebebus rausva.
c) Skystį perkoškite per sietelį, kad neliktų riebalų. Grąžinkite puodą ant viryklės.
d) Įmaišykite grybus, svogūną, česnaką ir raudonėlį 3 minutes arba tol, kol daržovės suminkštės. Uždenkite ir virkite 10 minučių su pomidorų pastos padažu
e) Nuplaukite brokolius ir sudėkite į troškinimo indą su dangteliu.
f) Mikrobangų krosnelėje 2–212 minučių aukšta temperatūra arba kol taps ryškiai žalia ir beveik minkšta. Nuplaukite šaltu vandeniu.
g) Ant pyrago lėkštės sudėkite spagečius. Keptuvės dugną ištepkite jautienos padažu, o ant viršaus uždėkite brokolius ir sūrį.
h) Kepkite apie 25–30 minučių arba kol sūris išsilydys.

# IŠVADA

Apibendrinant galima pasakyti, kad „Microwave Cookbook" yra privaloma kiekvienam, norinčiam supaprastinti savo gaminimo rutiną neprarandant skonio ir mitybos. Turėdami platų receptų pasirinkimą, jums niekada netrūks idėjų, kaip greitai ir lengvai pavalgyti. Nuo pusryčių iki vakarienės, užkandžių ir net desertų šioje kulinarijos knygoje rasite kažką kiekvienam.

Taigi, griebkite mikrobangų krosnelėje tinkamus indus ir pradėkime gaminti! Šiek tiek kūrybiškumo ir tinkamų ingredientų galite greitai paruošti sveikus ir skanius patiekalus. Tikimės, kad jums patiks išbandyti šiuos receptus ir atrasti daug maisto gaminimo mikrobangų krosnelėje privalumų. Laimingo gaminimo!

www.ingramcontent.com/pod-product-compliance
Lightning Source LLC
LaVergne TN
LVHW021710060526
838200LV00050B/2584